高等职业教育"广告和艺术设计"专业系列教材
广告企业、艺术设计公司系列培训教材

企业形象（CI）设计

（第2版）

龚正伟　主　编
张　璇　刘海荣　副主编

QIYEXINGXIANG
(CI)SHEJI

清华大学出版社
北京

内容简介

企业形象既是人们对企业外在的感性认识，也体现出企业的深刻文化内涵。企业形象的优劣既决定着企业的生存，也影响着企业的发展。本书结合"企业形象CI设计"发展的新形势和新特点，针对高等职业教育广告和艺术设计专业应用型人才的培养目标，系统介绍了产品形象、服务形象、员工形象、组织形象、企业个性塑造以及企业形象战略的策划和导入等全方位的企业形象设计的基本知识和技能，并通过实例讲解流程环节和操作步骤以强化实践应用。

本书结构合理、流程清晰、图文并茂、通俗易懂，突出实用性且采用新颖、统一的格式化体例撰写。本书既适用于专升本及高职、高专院校广告艺术设计专业"企业形象CI设计"课程的教学，也可作为广告企业和艺术设计公司从业者的职业教育与岗位培训的教材，对于广大自学者来说也是一本有益的参考读物。

本书封面贴有清华大学出版社防伪标签，无标签者不得销售。
版权所有，侵权必究。举报：010-62782989，beiqinquan@tup.tsinghua.edu.cn。

图书在版编目(CIP)数据

企业形象(CI)设计/龚正伟主编. —2版. —北京：清华大学出版社，2015（2024.2重印）
(高等职业教育"广告和艺术设计"专业系列教材)
(广告企业、艺术设计公司系列培训教材)
ISBN 978-7-302-41897-9

Ⅰ. ①企… Ⅱ. ①龚… Ⅲ. ①企业形象—设计—高等职业教育—教材 Ⅳ. ①F270

中国版本图书馆CIP数据核字(2015)第252037号

责任编辑：章忆文
装帧设计：刘孝琼
责任校对：周剑云
责任印制：刘海龙

出版发行：清华大学出版社
网　　址：https://www.tup.com.cn, https://www.wqxuetang.com
地　　址：北京清华大学学研大厦A座　　邮　编：100084
社 总 机：010-83470000　　邮　购：010-62786544
投稿与读者服务：010-62776969, c-service@tup.tsinghua.edu.cn
质量反馈：010-62772015, zhiliang@tup.tsinghua.edu.cn
课件下载：https://www.tup.com.cn, 010-62791865

印 装 者：三河市龙大印装有限公司
经　　销：全国新华书店
开　　本：190mm×260mm　　印　张：13.5　　字　数：328千字
版　　次：2009年10月第1版　2016年1月第1版　　印　次：2024年2月第7次印刷
定　　价：48.00元

产品编号：064943-02

Foreword 丛书序

　　随着我国改革开放进程的加快和市场经济的快速发展，各类广告经营业也在迅速发展。1979年中国广告业从零开始，经历了起步、快速发展、高速增长等阶段。2014年全国广告经营额高达5605.6亿元人民币，比上年增长了11.67%；全国广告经营单位达到54万户，比上年增长了9.5%；全国广告从业人员超过200万人，比上年增加近10万人。目前，中国广告业市场总体规模已跃居世界前列。

　　商品促销离不开广告，企业形象也需要广告宣传，市场经济发展与广告业密不可分。广告不仅是国民经济发展的"晴雨表"，也是社会精神文明建设的"风向标"，还是构建社会主义和谐社会的"助推器"。广告作为文化创意产业的关键支撑，在国际商务活动交往、丰富社会生活、推动民族品牌创建、促进经济发展、拉动内需、解决就业、构建和谐社会、弘扬传统文化等方面发挥着越来越大的作用，已经成为我国服务经济发展的重要的绿色、朝阳产业，在我国经济发展中占有极其重要的位置。

　　当前，随着世界经济的高度融合和中国经济国际化的发展趋势，我国广告设计业正面临着全球广告市场的激烈竞争，随着发达国家广告设计观念、产品、营销方式、运营方式、管理手段的巨大变化及新媒体和网络广告的出现，我国广告从业者急需更新观念、提高技术应用能力与服务水平，提升业务质量与道德素质，广告行业和企业也在呼唤"有知识、懂管理、会操作、能执行"的专业实用型人才；加强广告经营管理模式的创新、加速广告经营管理专业技能型人才培养已成为当前亟待解决的问题。

　　由于历史原因，我国广告业起步晚，虽然发展得非常快，但目前在广告行业中受过正规专业教育的人员不足5%，因此使得中国广告公司及广告作品难以在世界上拔得头筹。根据中国广告协会学术委员对北京、上海、广州三个城市不同类型广告公司的调查表明，在各方面综合指标排行中，缺乏广告专业人才居首位，人才问题已经成为制约中国广告事业发展的重要瓶颈。

　　针对我国高等职业教育"广告和艺术设计"专业知识老化、教材陈旧、重理论轻实践、缺乏实际操作技能训练等问题，为适应社会就业急需、满足日益增长的广告市场需求，我们组织了多年在一线从事广告和艺术设计教学与创作实践活动的国内知名专家教授及广告设计公司的业务骨干共同精心编写本套教材，旨在迅速提高大学生和广告设计从业者的专业素质，更好地服务于我国已经形成规模化发展的广告事业。

　　本套系列教材定位于高等职业教育"广告和艺术设计"专业，兼顾"广告设计"企业职业岗位培训；适用于广告、艺术设计、环境艺术设计、会展、市场营销、工商管理等专业。本套系列教材包括《广告学概论》《广告策划与实务》《广告文案》《广告心理学》《广告设计》《包装设计》《书籍装帧设计》《广告设计软件综合运用》《字体与版式设计》《企业形象(CI)设计》《广告道德与法规》《广告摄影》《数码摄影》《广告图形创意与表现》《中外美术鉴赏》《色彩》《素描》《色彩构成及应用》《平面构成及应用》《立体构成及应用》《广告公司工作流程与管理》《动漫基础》等24本书。

　　本套系列教材作为高等职业教育"广告和艺术设计"专业的特色教材，坚持以科学发展

丛书序　Foreword

观为统领，力求严谨，注重与时俱进；在吸收国内外广告和艺术设计界权威专家学者最新科研成果的基础上，融入了广告设计运营与管理的最新教学理念；依照广告设计活动的基本过程和规律，根据广告业发展的新形势和新特点，全面贯彻国家新近颁布实施的广告法律法规和广告业的管理规定；按照广告企业对用人的需求模式，结合解决学生就业、加强职业教育的实际要求；注重校企结合，贴近行业企业业务实际，强化理论与实践的紧密结合；注重管理方法、运作能力、实践技能与岗位应用的培养训练，采取通过实证案例解析与知识讲解的方法；严守统一的创新型格式化体例设计，并注重教学内容和教材结构的创新。

  本套系列教材的出版，对帮助学生尽快熟悉广告设计操作规程与业务管理、毕业后能够顺利走上社会就业具有特殊意义。

编委会

Editors 编委会

主　　任： 牟惟仲

副 主 任：

王纪平　吴江江　丁建中　冀俊杰　仲万生　徐培忠　章忆文
李大军　宋承敏　鲁瑞清　赵志远　郝建忠　王茹芹　吕一中
冯玉龙　石宝明　米淑兰　王　松　宁雪娟　王红梅　张建国

委　　员：

刘　晨　徐　改　华秋岳　吴香媛　李　洁　崔晓文　周　祥
温　智　王桂霞　张　璇　龚正伟　陈光义　崔德群　李连璧
东海涛　翟绿绮　罗慧武　王晓芳　杨　静　吴晓慧　温丽华
王涛鹏　孟　睿　赵　红　贾晓龙　刘海荣　侯雪艳　罗佩华
孟建华　马继兴　王　霄　周文楷　姚　欣　侯绪恩　刘　庆
汪　悦　唐　鹏　肖金鹏　耿　燕　刘宝明　幺　红　刘红祥

总　　编： 李大军

副总编： 梁　露　车亚军　崔晓文　张　璇　孟建华　石宝明

专家组： 徐　改　郎绍君　华秋岳　刘　晨　周　祥　东海涛

Preface 前言

企业形象既是企业的外在表现形式，也体现着企业的深刻文化内涵，企业形象的优劣既决定着企业的存亡，也影响到企业的长远发展。企业形象简称CI，是企业的视觉形象、理念形象、行为形象，即VI、MI和BI的统称。随着市场竞争的日趋激烈，企业之间的对垒已由产品力、促销力的较量发展到形象力的短兵相接，在这种情况下，企业形象既是企业安身立命之本，也成为企业克敌制胜的法宝，塑造美好的企业形象必然成为企业的必要举措和迫切要求。

本书认真总结IBM公司首次全面导入和推行企业形象策划的经验，大量收集我国企业多年实践积累的成功案例，系统阐述了企业形象策划的兴起与传播、企业形象策划的创意、企业形象全程操作系统策划、企业理念识别系统策划、企业视觉识别系统策划、企业行为识别系统策划以及企业形象策划与企业经营业绩等。通过实例讲解流程环节和操作步骤，以强化应用技术与实用技能的训练，并注重教学内容和教学方式的创新。本书是为广大企业家及广告公司塑造上佳形象而提供理论依据和实践范例的指导教材。

与其他同类教材相比，本书具有以下特点。

(1) 内容丰富，形式活泼。本书运用大量图表、案例，对企业形象及其策划的理论进行演绎，以培养读者有效获得系统的专业知识和专业技能。

(2) 中西合璧，求实创新。本书注重实事求是地研究中外企业形象战略的具体实践，既重视总结我国企业实施形象战略的经验与教训，又充分借鉴国外最具代表性和普遍性的企业形象战略新理论、新方法，体现博采中外之长、独树一帜的追求。

(3) 全面系统，具有不可替代的应用价值。企业形象战略策划是一门集企业经营管理学、工艺设计学、语言学、美学、行为学等多学科理论、方法于一体的艺术性很强的学科。本书充分反映了企业形象策划与实施的客观规律，体现了现代企业形象策划理论的系统性、规范性和可操作性，能有效地指导企业形象策划活动的开展。

(4) 图文并茂，可读性强。本书大量采用图、表、案例，内容丰富多彩、生动活泼，富有可读性和吸引力，使人读来不感乏味而受到睿智的启迪。

全书共八章，作为高等职业教育广告艺术设计专业的特色教材，因为具有以上特点且采用新颖统一的格式化体例设计，所以本书既适用于专升本及高职高专院校广告艺术设计专业"企业形象(CI)设计"课程的教学，也可作为广告企业和艺术设计公司从业者的职业教育与岗位培训教材，对于广大社会自学者来说也是一本有益的参考读物。

本书由龚正伟主编并统稿，张璇、刘海荣为副主编。作者分工：王红伟(第一章)，樊桂海、张连红(第二章)，吴俊哲(第三章)，张丹、余银、胡成伟(第四章)，王爱荣、张颖(第五章)，张璇、张雅丽、李迪(第六章)，刘海荣、钟超(第七章)，刘红祥、张森峰、明磊(第八章)，龚正伟负责本书课件的制作。

在编写过程中，我们参考借鉴了大量有关企业形象(CI)设计等方面的书刊资料，精选收录了具有典型意义的案例，并得到编委会专家教授的细心指导，在此特别致以衷心的感谢。为了方便教师教学和学生学习，本书配有教学课件，读者可以从清华大学出版社网站免费下载使用。

本书第1版于2009年出版，多年来受到广大读者的喜爱，多次印刷。尽管作者都具有扎实的设计和教学功底，且写作态度严谨，编辑在审读及编校等工作上亦颇费苦工，但因经纬绵密，且首版出书时间紧迫，难免留下一些遗憾。鉴于此，我们决定对本书进行全面修订出版第2版。

前言 Preface

　　第2版参考专家及读者的意见,对全书进行了全面谨慎的梳理和修订。修订的重点主要有以下四个方面:一是增加了许多图例,图解更翔实、实例更丰富;二是整合了理论文字,去掉冗长及重复的知识内容,条理更清晰、明确;三是增加了新的知识内容,涵盖面更宽;四是版式更精美,全书改为全彩色,以便更好地体现图例的效果。

　　因水平所限,本次修订工作难免会有不足乃至失误之处,恳请读者包涵,并能一如既往地提出宝贵意见,使这本书通过不断打磨,臻于完善。

编　者

Contents 目录

第一章 企业形象(CI)概述 ... 1

学习要点及目标 ... 2
引导案例 ... 2
第一节 企业形象的发展过程 ... 3
　一、企业形象的影响力 ... 3
　二、企业形象的发展过程 ... 4
第二节 企业形象的概念 ... 7
　一、形象 ... 7
　二、企业形象 ... 8
　三、企业形象的类型 ... 10
　四、企业形象的特征 ... 10
　五、企业形象设计的缘起 ... 16
第三节 企业形象的构成要素 ... 18
　一、理念识别 ... 19
　二、行为识别 ... 19
　三、视觉识别 ... 20
第四节 良好企业形象的基本特征 ... 21
第五节 企业形象的功能 ... 24
思考与练习 ... 25
实训课堂 ... 25

第二章 CI的历史沿革与发展现状 ... 27

学习要点及目标 ... 28
引导案例 ... 28
第一节 CI 的 雏 形 ... 29
第二节 美国CI的发展 ... 30
第三节 日本CI的发展 ... 31
　一、日本企业形象的五个发展阶段 ... 33
　二、日本CI的三个特点 ... 35
第四节 中国CI的发展 ... 36
　一、中国CI的背景 ... 36
　二、中国CI的现状 ... 38
　三、中国CI的特色 ... 38
第五节 文化差异与企业形象的塑造 ... 40
　一、审美心理差异 ... 41
　二、宗教信仰差异 ... 41
　三、文化差异与企业形象塑造 ... 42

第六节 数字信息时代CI的新发展 ... 44
　一、数字信息时代的背景分析 ... 44
　二、企业形象设计的新空间和领域 ... 44
思考与练习 ... 46
实训课堂 ... 46

第三章 企业形象理念的铸造 ... 49

学习要点及目标 ... 50
引导案例 ... 50
第一节 企业使命 ... 51
　一、企业使命的两层含义 ... 51
　二、企业使命的定位 ... 51
　三、企业使命的重要性 ... 51
第二节 企业的价值观 ... 52
　一、企业价值观的概念 ... 52
　二、企业文化的核心 ... 52
　三、价值观的重要性 ... 53
第三节 企业的离心力、向心力以及准则 ... 53
　一、离心力与向心力 ... 53
　二、企业的准则 ... 54
第四节 企业的个性化 ... 54
　一、企划的个性化必须与内容统一 ... 54
　二、有生命的企划在于差异性 ... 55
　三、追求个性的企划必须有冒险意识 ... 55
第五节 实例解析瑞士维特拉(Vitra)家具公司 ... 57
　一、维特拉家具公司发展简介 ... 58
　二、维特拉家具公司的继续发展 ... 59
　三、维特拉家具公司的企业文化理念 ... 60
思考与练习 ... 61
实训课堂 ... 61

第四章 企业形象的战略策划 ... 63

学习要点及目标 ... 64
引导案例 ... 64
第一节 企业形象的战略策划 ... 64
　一、形象定位 ... 65
　二、企业形象设计成功实例 ... 67

目 录

三、企业名称的基本特点 67
四、企业名称要注意的因素 69
五、企业视觉结构与传播 71
六、企业形象战略策划案例 72
第二节　CI战略导入契机 75
一、引进CI战略的基本态度 75
二、CI战略所解决的问题 75
三、导入CI战略的准备条件 76
四、CI战略的独特性 78
五、案例解析——"蓝岛"在崛起 78
思考与练习 82
实训课堂 82

第五章　企业形象设计的开发程序 83

学习要点及目标 84
引导案例 84
第一节　导入CI的时机和动机 86
一、导入CI的时机 86
二、企业导入CI的前期工作 88
第二节　企业形象导入的基本程序 91
一、树立绿色企业形象的背景 91
二、绿色企业形象的构成 93
三、绿色企业形象战略的准备阶段 94
四、绿色企业形象战略的制定 95
五、绿色企业形象战略的实施与控制 96
第三节　企业形象实施的操作管理 97
一、实施督导 97
二、效果评估 97
三、调整改进 98
四、导入CI程序的六大步骤和操作流程 99
五、浙江宁波杉杉集团有限公司CI导入案例解析 100
思考与练习 105
实训课堂 106

第六章　企业形象VI的设计原则 107

学习要点及目标 108
引导案例 108

第一节　CI设计的基本原则 110
一、同一性 110
二、差异性 112
三、民族性 113
四、有效性 113
五、象征性 113
第二节　企业造型 115
一、故事性 115
二、历史性 116
三、材料性 116
第三节　版面编排模式 122
思考与练习 123
实训课堂 124

第七章　企业形象VI的设计程序 125

学习要点及目标 126
引导案例 126
第一节　企业标志设计 127
一、企业标志与商标 128
二、标志或象征标志 129
三、商标 129
四、企业标志 130
五、企业标志和商标的不同作用和功能 130
六、企业标志的特点 131
七、企业标志的分类 134
八、企业标志的设计方法 138
九、标志设计的几种表现方式 145
第二节　企业标准字设计 148
一、标准字的特征 149
二、标准字的种类 152
三、标准字的设计 154
四、标准字制图法 162
第三节　企业标准色设计 163
一、单色标准色 163
二、复数标准色 164
三、标准色加辅助色 164
第四节　企业VI应用要素设计 165
一、办公事务用品 165
二、企业外部建筑环境 166

Contents 目录

三、企业内部建筑环境 166
四、交通工具 166
五、服装服饰 166
六、广告媒体 167
七、产品包装 167
八、企业礼品 167
九、陈列展示 168
十、印刷出版物 168
十一、组合规范 169
第五节　企业形象VI设计的新领域 169
一、感觉识别的应用 169
二、情感识别的应用 171
三、新技术发展对视觉识别的影响 171
思考与练习 172
实训课堂 172

第八章　经典企业形象设计案例解析 175

学习要点及目标 176
第一节　中国网通公司企业形象设计 176

一、中国网通公司简介 176
二、中国网通标志释义 176
三、中国网通企业理念解析 177
四、中国网通企业形象设计欣赏 178
第二节　国外经典企业形象设计 191
一、欧美CI范例：麦当劳的形象设计 191
二、Esprit Golf国际著名服装品牌形象
　　设计 194
第三节　企业视觉形象设计欣赏 195
一、"她喜爱"花草茶企业视觉形象设计
　　欣赏 195
二、北京亚述视觉形象设计欣赏 197
三、江苏联发集团视觉形象设计欣赏 198
四、哈哈儿童电视频道视觉形象设计
　　欣赏 200
思考与练习 202
实训课堂 202

参考文献 203

第一章

企业形象(CI)概述

学习要点及目标

- 了解形象、企业形象的概念。
- 了解企业形象的类型。
- 掌握企业形象的特征。
- 了解企业形象设计的缘起。
- 掌握企业形象的价值与功能。
- 了解中国企业形象发展的现状和趋势。

企业形象是指人们通过企业的各种标志(如产品特点、行销策略、人员风格等)而建立起来的对企业的总体印象。企业形象是企业精神文化的一种外在表现形式,它是社会公众与企业接触交往过程中所感受到的总体印象。这种印象是通过人体的感官传递获得的。

企业形象能否真实反映企业的精神文化,能否被社会各界和公众舆论所理解和接受,在很大程度上取决于企业自身的主观努力。企业形象是企业内外人员对企业的整体感觉、印象和认知,是企业状况的综合反映。

深圳木屋烧烤连锁店品牌形象设计

从木屋的起点——空中酒廊到现在的华侨城旗舰店,2005年年底木屋一共有一家总店,四家连锁店(二分店沙嘴店开业于2005-04-30;三分店开业于2005-07-26;四分店开业于2005-09-05),拥有7个部门:出品部、服务部、采购总务部、稽核部、仓储部、制作部、中餐部,成为餐饮行业烧烤一族的领头羊是木屋坚定不移的目标,而且正努力成为深圳、广东乃至全国最好的中式连锁烧烤店。

2005年年底,随着华侨城新店的开业,木屋烧烤与睿智品牌签订合作协议,在原有品牌形象的基础上进行了深化改造和设计。

基础部分有所突破的是做了两个有意思的辅助图形和辅助色彩。

把"正宗炭烤"谐音为"正中炭烤",体现了木屋烧烤品牌路线——正宗中国式炭烤的定位,诙谐、生动、便于记忆的同时加深了品牌的认知度,这个提议开始就得到了客户方的强烈认同。

第二个辅助图形是把"炭"的概念继续加深,用炭笔写意地勾勒出生动的线条,体现出"炭"的味道,在以后的延展应用中起到了很好的视觉效果。

辅助色彩除了使用代表中国含义的金色之外,又添加了"红黑渐变色",这个颜色可以说深刻直接地表达出了正在烧烤炭火的感觉,应用起来又不失高档次的品牌特征。后期印刷品应用主要以简洁、干净、大气为主,辅助字体以"幼圆体"为主。如图1-1所示的是木屋烧烤店品牌形象设计。

第一章 企业形象(CI)概述

(a) 木屋烧烤的标志

(b) 木屋烧烤的海报

(c) 木屋烧烤的名片

(d) 木屋烧烤的店面(一)

(e) 木屋烧烤的店面(二)

(f) 木屋烧烤的车身广告

图1-1 木屋烧烤形象设计

第一节 企业形象的发展过程

一、企业形象的影响力

企业形象在当今信息化社会已不是一个陌生的名词。作为社会形象的有机组成部分，企业形象已经渗透到我们生活的方方面面，随时随地影响着我们的思维、情感和消费能力。一个耳熟能详的企业及其品牌名称或者标志，总能触动你的情感，引发你意犹未尽的想象，影响你的购物决策。如图1-2所示为著名企业的标志。

(a) 花花公子标志　　　(b) 家用录像带标志

(c) 锐步标志　　　(d) 圣大保罗服饰标志

(e) 劳力士标志　　　(f) 李牌服装标志

图1-2　著名企业标志

二、企业形象的发展过程

(一) CI的发展

企业形象(Corporate Identity, CI)发源于欧洲，成长于美国，深化于日本。最早感知CI的是德国AEG电气公司，早期成功导入CI的当属美国国际商用机器公司(IBM)，紧随其后的可口可乐公司将其推向高潮，好学的日本人在20世纪60年代就觉察到CI为欧美企业带来的无限财富，于是他们也积极引进CI并使之深化，形成日本式的CI体系。

CI战略为日本企业树立了良好的企业形象，并创造了很多全球著名品牌，比如索尼、麒麟啤酒、富士等。如图1-3所示为日本知名品牌标志设计。

(a) 索尼公司标志　　　(b) 麒麟啤酒标志　　　(c) 富士公司标志

图1-3　著名日本企业标志

(二) 中国CI的发展

20世纪五六十年代，在国外先进企业朝着成功之路上不断地前进时，中国却处于不稳定的环境下，经济停滞不前，人们思想观念保守，视"洋文化"为祸水，将其拒之门外，直到20世纪80年代，一缕曙光开始照耀神州大地，改革开放的春风吹遍中国大江南北，东部沿海开放城市经济得到迅速发展，人们观念开始更新，逐渐接受外来文化，到了80年代后期，CI开始登陆中国这块广阔的大地，人们也开始对CI有了一种朦胧的认识。

由于当时中国尚处于经济建设的初级阶段，各方面的体制还不完善，人们的意识虽然有所改变，但仍保留着浓厚的传统观念，在这个时期，CI给中国企业带来的成功范例可以说是凤毛麟角。

随着市场竞争的激化，一种标志着企业营销成熟化的新的营销导向——"形象导向"逐渐形成，企业纷纷寻找塑造企业良好形象的途径，CI战略这时候受到企业的广泛重视。

案例1-1

广东太阳神集团的CI战略

早期在国内成功导入CI的企业是广东太阳神集团，其CI标志如图1-4所示。

图1-4 太阳神集团商标

"太阳神"的前身是一家规模不大的乡镇企业，其产品市场销售平平，1988年年产值才520万元，到1990年年产值增至4000多万元，1991年达到8亿元，1992年竟达到12亿元，4年间增长了两百多倍。太阳神的迅猛发展在常人看来，确实是一个奇迹，但了解太阳神集团公司的人都不能不惊叹该公司导入CI的神奇作用。

一、艰难的探索

太阳神集团公司的前身仅仅是东莞黄江镇一家5万元起步的保健品小厂。创业后，公司首先试图用"万事达"商标注册，打开全国市场，但事与愿违，推广失败。然后，又改用"生物健"作为产品与企业名称，在广东推广成功，并获得一点名气。

但是，随着企业的发展进入集团化、多角化经营的格局，产品也渐渐地进入省外市场。这时，经营者发现"生物健"内涵浅薄，外延褊狭，硬度大、弹性小，传播效应零碎，很难达到最佳境界，于是决定导入CI，用它来进行全面的改造，从而开了中国大陆导入CI之先河。

二、设计最具特色的企业标志

1988年8月"太阳神"开始导入CI。太阳神委托广东两位设计师设计标志,由广州新境界设计群负责总体策划,全面导入CI。

首先太阳神公司决定用"太阳神"命名新成立的集团公司,用企业名称涵盖产品特性,实施企业名称、商标、品牌"三位一体"的CI战略。不料,这一战略一提出,就立即遭到公司内部所有人的反对,担心推广失败,连原来已树立的一点好形象也将失去。总经理怀汉新说服全体员工,要求各方面协调配合全面实施这一战略,并决定采用迂回战术,首先在上海等省外市场推广,改"生物健"为"太阳神",成功后再转回广东推广。

太阳神标志具有强烈的视觉冲击力,强烈地刺激着中国每一个消费者的视觉神经,并深深地印在头脑之中。太阳神标志以简练、强烈的圆形与三角形构成为基本定格,圆形是太阳的象征,代表健康、美味的商品功能与企业经营宗旨;三角形则呈向上发展趋势,是"APOLLO(古希腊太阳神)"的首写字母,它的人字造型,突出企业团结如一人,向上升腾的意境和以"人"为中心的服务与经营理念;整个标志以红、黑、白三种永恒的色彩,组成强烈的色彩反差,体现企业不甘现状、奋斗开拓的整体心态。由于标志简洁、夺目,以此标志为核心的系列企业形象战略在包装、广告、产品开发上层层展开。导入CI后,"太阳神"以崭新的形象出现在市场上,给人留下非常深刻的印象,迅速赢得了消费者的认同与欢迎,成功地开启了市场大门。

三、从企业形象入手的三步到位的营销策略

太阳神在推销自己的产品时,并不匆忙地销售产品,而是采取了从企业形象入手的三步到位的营销策略。

第一步,在市场所在地开展全面的公益活动,加强与消费者的感情联系,把太阳神的企业形象介绍给广大消费者,让消费者从心理和情感上接受"太阳神"。

第二步,邀请当地的心理医生和保健、营养、儿科等方面的专家教授开展咨询服务,把"太阳神"介绍给广大消费者,让消费者认识"太阳神",培养起消费者对"太阳神"的好感。

第三步,在太阳神的知名度逐渐深入消费者心中的时候才开始销售产品。

四、广告不言"太阳神"

"当太阳升起的时候,我们的爱天长地久……"这是"太阳神"的广告歌词。伴随着这雄壮悠扬、充满活力的歌声,一轮象征生命、健康、力量的朝阳,被一个艺术化了的"人"字托起,由红、黑、白三种色彩构成的"太阳神"标志映入观众的眼帘,给人留下了非常深刻的印象。

在这一广告口号中,只字未提"太阳神"的产品,更没有省优、国优、太阳神集团公司荣誉出品等让人感到华而不实的辞藻,而只以"太阳神"特有的标志,以其巨大视觉冲击震撼消费者。这种广告高层次地体现出了企业独特的经营风格,以企业、商标、产品形象三位一体的整体形象,起到了其他广告所不能起到的巨大作用。

五、CI魅力更诱人

太阳神全面导入CI后,如今,一提起太阳神,人们心中马上联想到太阳神集团企业、驰名的太阳神商标以及太阳神保健饮料的优美形象。随着太阳神的企业形象和知名

度的不断提高，其产品供不应求，市场出现了反转局面：以前业务员上门推销转为现在代理商付订金，订货期两个月，资金回笼迅速。其良好的企业形象也得到银行贷款的大力支持。

结果，"太阳神"建立起一个良性循环的经营局面，市场覆盖面更广，公众、政府的支持也更为有力。现在"太阳神"已不满足于低层次的CI运作，而开始对首期CI战略进行自觉的剖析、反思和总结，试图向深层次的CI进军，全方位实施CI规范，以便满足企业向国际化、集团化、多角化经营的要求。

太阳神运作CI，不仅仅造就了一个著名企业，更重要的是造就了一代太阳神人。正如太阳神总经理怀汉新所说："也许有一天太阳神企业集团将不复存在，但它的员工无论去到任何岗位，都会以良好的素质赢得别人的信任。"

现在太阳神已不满足于自己同其他公司一起运作CI，而是采取措施，设置专门机构、聘用专业人员研究CI，从有关实践和理论两个方面丰富和发展了"美国式""日本式"的CI，试图为开辟中国式的CI之路做出自己的贡献。

六、太阳神的CI表现出应有的中国特色

一是太阳神的CI战略融入了太阳神的企业文化，形成太阳神的企业理念系统——企业的最高宗旨：振兴民族工业，提高中华民族的健康水准；经营理念：以市场为导向，以科技为依托；管理理念：以人为中心；发展理念：以专业经营为中心，市场专业化，科研专业化；企业精神：真情理解，合作进取。

二是太阳神CI战略，除企业理念识别(MI)、企业行为识别(BI)、企业视觉识别(VI)三大要素外，还拓展到了企业听觉识别(HI)和企业文本识别(TI)。例如，太阳神的"企业歌"及所有广告音乐构成了听觉识别系统；文本识别系统则包括太阳神的元旦献词和企业学术论文、报告文学等。

"太阳神"CI导入的成功，为众多企业家、行销管理人员、工艺美术设计师、广告人展示了一条具有中国特色的CI道路，为中国企业探索并全面推广CI提供了一个成功的范例。

第二节 企业形象的概念

要理解什么是企业形象，首先要知道什么是形象。

一、形象

所谓形象，《现代汉语词典》的解释是"能引起人的思想或感情活动的具体形状或姿态"。即形象本身既是主观的，又是客观的。其主观性是由于人的思想和感情活动是主观的，是人对事物的具体形状或姿态的印象、认识、反映及评价；其客观性在于形象是事物本身具有的具体形状或姿态，是事物的客观存在，是不以人的主观评价为转移的。

形象是心理学上所说的知觉(即各种感觉的再现)的产物。人们通过视觉、听觉、触觉等感觉事物，并在大脑中形成一个关于事物的整体印象即知觉，这就是"形象"，其特点如下。

(1) 形象是人们对某一事物的感知，但它不是事物本身，形象也可以是对事物不正确的认识，即假象。

(2) 形象受人的意识影响，它不完全是感觉的。已经形成的形象规范人的行动，如我认为你的形象好，就买你的产品，采取购买行动。

(3) 形象一词有着极为丰富的内涵和外延。由于现实事物本身的千差万别，形象的内涵表现也就极为生动、具体且复杂多变；由于诸多事物都会引发人的思想和感情波动，也就产生了人们对诸多事物的印象和评价，使形象的外延变得极为广阔。就人类社会来讲，小到一个人、一个家庭、一个组织、一个团体，大到一个地区、一个民族、一个国家，都有其自身独有的形象。例如，西装革履、彬彬有礼，我们马上会联想到一个人的基本形象；团结向上、雷厉风行，我们会马上联想到一个组织的基本形象；勤劳勇敢、丰衣足食、安居乐业，我们会马上联想到一个民族的基本形象。企业作为一种以营利为目的的社会生产经营组织，必然也有其应有的形象，而且它影响着企业的赢利能力。

任何企业都有一个属于自己的独特形象，或卓越优异，或平凡普通，或真善美，或假恶丑，或美名远扬，或默默无闻……良好的企业形象可以使企业在市场竞争中处于有利地位，受益无穷；而平庸乃至恶劣的企业形象无疑会使企业在生产经营中举步维艰、贻害无穷。

二、企业形象

企业形象是企业关系者对企业整体的感觉、印象和认识。所谓的企业关系者包括消费者、客户、股东、投资者、内部员工、希望就职者、地区居民、金融机构、原材料供应者、大众传播媒介、记者、政府、地区公共团体等。

鉴于企业形象一词的多义性，一句简短的语言难以概括其丰富的含义，我们将这些含义综合起来做一个比较全面的诠释。

（一）认识意义上的企业识别

企业标志表明了企业自身的身份与性质。例如，当我们看到"耐克""七喜"两个标志时，我们很快会想到前者是运动产品，后者是饮料，如图1-5所示。

(a) 耐克公司标志　　　　　　　　(b) 七喜产品标志

图1-5　耐克、七喜标志

（二）传播意义上的企业识别

传播意义上的企业识别对内表明一个组织内部的某种同一性，对外表示本组织的个性存在以及区别于其他组织的差异性。例如,北京的公交服务体系,不论乘客是哪个国家和民族的,其享受的服务都是相同的。如图1-6所示为北京公交系统标志设计。

图1-6 北京公交系统的标志

(三)社会意义上的企业识别

社会意义上的企业识别表明个体意识到自己归属于某一种群体,其思想意识、行为等都要服从这一群体的制度,从而使这一群体中的个体能够互相沟通和认同,相互协作与支持。例如,企业的连锁店、子公司与总公司的关系及企业标志就体现了社会意义上的企业识别。如图1-7所示为必胜客和苏宁电器的标志。

(a) 必胜客公司标志　　　　　　　　(b) 苏宁电器标志

图1-7 必胜客、苏宁电器连锁企业的标志

拓展知识

企业识别系统

20世纪60年代中期,对于这种崭新的战略在名称和概念上都还没有达成共识,有的把它称为产业规划(Industrial Design),有的把它叫作企业设计(Corporate Design),还有的把它叫作企业形貌(Corporate Look)、特殊规划(Specific Design)、设计政策(Design Policy)等。到后来才有了统一的名称:企业形象(Corporate Identity,CI)。

企业识别系统CIS(Corporate Identity System，CIS)作为当前企业竞争的有力武器，已被越来越多的商家所采用。然而，在我们从事管理顾问服务的过程中发现，虽然目前国内不少企业争先恐后地导入CIS，但其实施和导入CIS的效果却不尽如人意。造成这种现状的原因是多方面的，其中最根本的原因在于我国还有相当一批企业对CI战略的认识和实践存在误区，特别是行为识别系统的推行不力导致众多企业CI战略短期化甚至失败。

为了正确、有效地为中国的企业服务，我们必须正确认识CIS并加以运用。

三、企业形象的类型

鉴于企业活动及其表现的复杂性，企业的形象大致可按以下类别划分。

(一) 基于内外部因素的划分

(1) 内部形象。即企业内在精神和内在的管理文化。
(2) 外部形象。即企业对外的形象。

(二) 基于实虚态形象的划分

(1) 实态形象。即实际经营活动的成果、水平。
(2) 虚态形象。即对企业的整体的客观形象。

(三) 将其作为一个整体系统来划分

(1) 企业理念识别形象。包括企业精神、座右铭、企业风格、经营战略、企业策略、厂歌、价值观等。

(2) 企业行为识别形象。主要包括对内的干部教育、员工教育、生产福利、工作环境、生产设备、废弃物处理、公害对策和对外的市场产品开发、公共关系、流通政策、银行关系、股市对策、工艺广告、文化活动等。

(3) 企业视觉识别形象。包括基本设计(如企业名称、品牌标志、标准字、标准色、企业造型、企业象征图案、企业宣传标语及口号、吉祥物等)和应用设计(如办公用具、设备、招牌、旗帜、建筑外观、衣着制服、交通工具、产品、包装用品、广告传播、展示陈列等)。

四、企业形象的特征

由于企业形象具有以上丰富的内涵和外延，是一个复杂的系统，因此其基本特征也具有多面性，如图1-8所示为童乐美术公司的标志。

(一) 客观性和主观性

企业形象是企业实态的表现，是企业一切活动在社会面前的展示，是客观真实的，具有客观性的特征。良好的企业形象不能由企业经营者主观设定，自我感觉良好并不能表明企业形象果真良好。良好的企业形象是有客观标准的，它由企业良好的经营管理实态、良好的企业精神、良好的员工素质、良好的企业领导作风、良好的企业制度、良好的企业产品以及整洁的生产经营环境等客

图1-8　童乐美术的标志

观要素所构成。这些构成要素都是客观实在的,反映了企业的实态,是人们能够直接感知的,不以人们的主观意志为转移。

企业形象既是客观的,又是真实的。

一方面,企业形象的真实性体现在企业的现象真实和本质真实这两个方面。所谓企业的现象真实,主要是指企业的名称、地点、经营的产品、产品的商标、产品的质量、服务信誉、企业的资产、企业的房屋等都应该是看得见、摸得着的,是真实可信的。如果一个企业在现象上都做不到真实可靠,那么它是毫无企业形象可言的。那种既无固定经营地点、经营产品,又无经营资本,到处招摇撞骗的皮包公司,是绝不可能生存和发展下去的。所谓企业的本质真实,就是说,企业形象应该反映出企业的本质特征,体现出企业的精神风貌和发展方向,符合企业的经营目标和时代潮流。

如果企业的客观实态是卓越的,是真善美的,尽管由于某些客观因素可能造成对企业形象的一时损害,但只要企业切实改进,消除误解,其卓越的企业形象仍会重新树立起来;反之,如果认为通过"包装""形象塑造"等造假手段就可以掩盖企业自身的诸多缺点甚至假丑恶现象,塑造出卓越的企业形象,那就大错特错了,这种做法只可能得逞于一时,终有露出破绽的时候,毕竟这种虚假的企业形象缺乏客观、真实的基础。

如图1-9所示为某航空公司飞机机身设计。

图1-9　某航空公司飞机机身设计

另一方面,企业形象又是社会公众对企业的印象和评价,因此,它还具有主观性特征。作为社会公众对企业的印象和评价,企业形象并不是不以人的意识为转移的企业客观存在的实态本身,而是与人们的主观意志、情感、价值观念等主观因素密切相关的,具有强烈的主观色彩。

首先,企业形象的主观性表现在企业外在形象并不完全等同于企业的内部实态。企业实态是一种客观存在,这种客观存在只有通过各种媒体介绍展示给公众,为社会公众认识、感知,才能形成公众接近一致的印象和评价,形成具体的企业形象。如果企业不能把其客观实态有效而全面地传递给消费者,或是企业有意隐瞒缺陷、自我美化,就会使企业形象失真乃至虚假。

其次,企业形象的主观性还表现在企业形象形成过程的主观色彩。企业形象是社会公众以其特有的思维方式、价值取向、消费观念、需要模式及情感要求等主观意识,对企业的各种信息进行接收、选择和分析，进而形成特定的印象和评价，其结果是主观的。企业形象的主观性特征，要求企业在进行形象塑造时，其一切活动都要适应社会公众的价值观念、需求层次、思维方式以及情感要求，才能赢得公众的信任，树立良好的形象。如图1-10所示为中国各航空公司标志。

图1-10　中国各航空公司的标志

（二）整体性和层次性

一方面，企业形象是由企业内部诸多因素构成的统一体和集中表现，是一个完整的有机整体，具有整体性的特征。各要素形象(如企业员工的形象、产品或服务的形象)之间具有内在的必然联系。构成企业形象的每一个要素表现得好坏，必然会影响到整体的企业形象。因此，在企业形象形成过程中应把企业形象贯彻和体现在经营管理思想、决策及经营管理活动之中，从企业的外部形象和内在精神的方方面面体现出来，依靠全体员工的共同努力，使企业形象的塑造成为大家的自觉行为。企业只有在各个方面都有上乘的表现，才能塑造出一个完整的、全面的良好形象。

另一方面，由于整体的企业形象是由不同层次的企业形象综合而成的，企业形象也就具有了十分鲜明的层次性特征。企业形象的层次性主要表现在以下几个方面。

1．内容的多层次性

企业形象的内容可分为物质的、社会的和精神的三个方面。①物质方面的企业形象主要包括企业的办公大楼、生产车间、设备设施、产品质量、绿化园林、点缀装饰、团体徽记、地理位置、资金实力等。在物质方面的企业形象中，具有实质性要素的是产品质量。如果产品质量低劣，即便企业有着豪华的生产经营设施，也会使企业形象毁坏殆尽，直接威胁企业的生存。②社会方面的企业形象包括企业的人才阵容、技术力量、经济效益、工作效率、福利待遇、公众关系、管理水平、方针政策等。在社会方面的企业形象中，企业与公众的关系是最为重要的因素。协调好企业与公众之间的关系是塑造企业良好形象的有效途径。③精神方面的企业形象包括企业的信念、精神、经营理念及企业文化等。企业的生气和活力必然会通过企业的精神形象表现出来，如良好的员工风貌和和谐的工作气氛。

2．心理感受的多面性

企业形象是企业在人们心目中的一种心理反应。由于每个人的观察角度不同，和企业的关系不同，因此形成了心理感受各异的局面。

首先，不同的人对同一企业有不同看法；其次，同一人所处的不同位置也会对同一企业产生不同看法；最后，即使是同一个人在同一位置上，在不同时期也会有不同看法。总之，每个人都是从自己特殊的位置来观察企业的，这就决定了人们对企业形象的心理感受呈现出多面性。例如，企业在其成员心目中的形象和企业在外部公众心目中的形象是不完全一致的，外部公众一般是从评价企业产品的角度来认识企业形象的，而企业的员工则往往是从企业的工作环境、管理水平、福利待遇等方面来认识企业形象的。

3. 要素构成的复杂性

企业形象是一个构成要素十分复杂的综合体。例如，企业形象可以分为有形部分和无形部分，有形部分是指企业的建筑物、产品、设备等，无形部分是指企业的价值观念、经营方针等；企业形象又可以分为动态部分和静态部分，动态部分是指企业的公关活动、广告宣传、生产经营等，静态部分是指企业的标志、名称、标准色等；企业形象还可分为对内部分和对外部分，对内部分是指企业形象与管理人员、员工的关系，对外部分是指企业形象与顾客、社区、股东的关系等。因此，在塑造企业形象时，既要考虑企业的物质基础，又要考虑企业的社会影响；既要分析企业内部的各种因素，又要研究企业外部消费者对企业的心理感受，使企业能够塑造出社会认同并能经受时间检验的成功形象。

(三) 稳定性和动态性

一方面，企业形象一旦形成，一般不会轻易改变，具有相对的稳定性。这是因为社会公众经过反复获取、过滤和分析企业信息，由表象的感性认识上升为理性认识，对企业必然会产生比较固定的看法，从而使企业形象具有相对稳定性。

这种稳定性首先产生于企业形象所具有的客观物质基础。客观存在的物质基础，如企业的建筑物、机器设备、员工队伍等，在短期内不会有很大改变。企业形象的树立在很大程度上依赖于企业的物质基础。其次，这种稳定性还反映在人们具有相同的心理机制。这种相同的心理机制表现在人们具有大体相同的审美观和好恶感。最后，人们往往都具有共同的思维定式。思维定式是指由一定心理活动所形成的准备状态，它可以决定同类后继心理活动的趋势。

企业形象是企业行为的结果，而企业行为又可能发生这样或者那样的变化，但是这种变化不会马上改变人们心目中已存在的形象，因为公众所具有的相同的思维定式，使他们总是倾向于在头脑中延续原有的企业形象，而不会随着企业行为的变化而马上改变对企业的看法。

企业形象的稳定性可能导致两种不同的结果：一种是相对稳定的良好企业形象。在市场竞争中，良好的企业形象是企业极为宝贵的竞争优势，企业信誉一旦形成就可以转化为巨大物质财富，产生名厂、名店、名牌效应。另一种是相对稳定的低劣的企业形象。企业将会在较长时间内难以摆脱社会公众对企业的不良印象，而要重塑企业的良好形象就需要企业在一定时期内付出艰苦努力。

最后应该指出的是，企业形象的相对稳定性只能是企业持之以恒地维护其企业形象的结果。假若认为企业已经具有良好的形象就可以放松要求，只能自毁形象，惨遭失败。正因为如此，每一个企业都应该像爱护自己的眼睛一样努力维护企业的良好形象。

另一方面，企业形象又具有动态性或可变性的特征。企业形象树立起来以后具有宏观的时空上的稳定性。但是，企业形象并不是一成不变的，除了具有相对稳定的一面外，还具有波动可变的一面。随着时间的推移、空间的变化、企业行为的改变以及政治、经济环境的变迁，企业形象将会始终处于动态的变化过程之中。

这种动态的可变性，使得企业有可能通过自身的努力改变公众对企业原有的不良印象和评价，从而一步一步地塑造出良好的企业形象。也正是这种动态的可变性，迫使企业不敢有丝毫松懈，努力维护企业的良好形象。因为良好的企业形象确立绝非一日之功，它是企业员工长期奋斗、精心塑造的结果。但是企业形象的损坏，往往是由于一念之差、一步之错。企业形象构成要素的任何环节、层次出现严重问题，都可能使长期塑造的良好形象受到损害，甚至毁于一旦。

企业形象可变性的特征告诉我们，在市场竞争空前激烈的态势下，不进则退，小进亦退。任何企业，其经营业绩再好，都必须破除故步自封、小富即安、知足常乐等小农心态，应具有强烈的危机意识和永不满足的精神。在企业形象塑造上没有终点，只有起点，只有不断开拓进取，创造佳绩，才能使企业形象越来越美好。

(四) 对象性与传播性

企业形象的形成过程，实质上是企业实态借助一定的传播手段，为社会公众认识、感知并使之得出印象和评价的过程。企业形象的形成过程使其具有明确的对象性和传播性。

1. 企业形象的对象性

企业形象的对象性是指企业作为形象的主体，其形象塑造要针对明确的对象。企业作为社会中的营利性组织，其形象塑造是为了实现企业经营目标，是为其营销服务的。不同企业提供不同的产品和服务，面对不同的消费者和用户，其社会公众的构成也不同，这就决定了企业必须根据公众特有的需要模式、思维方式、价值观念、习惯爱好及情感特点等因素，适应公众的意愿，确定自己特有的企业形象。如图1-11所示为三菱企业的野狼标志。

图1-11 三菱企业的野狼标志

2. 企业的社会公众

企业的社会公众包括企业员工、供应商、营销中介机构、竞争者、顾客、金融机构及投资者、媒介机构及媒介公众、相关政府机构、相关性社会团体、地方居民等。他们对企业的认识途径、认识方式、关注程度以及关注角度各有不同，形成的印象和评价也带有不同特点。例如，消费者通过接触和使用某企业的产品来认识、了解一个企业，主要从产品质量、性能、服务等方面对企业产生好或不好的印象；而金融机构则主要是从企业信誉、偿还能力、企业实力等方面来认识企业；社会团体则从环境保护、社区贡献、人才就业等方面对企业形成印象；政府机构关注企业是否合法经营；供应商及营销中间商关注企业信誉及实力；股民关注企业经营状态及发展潜力；竞争者关注企业是否遵守游戏规则等。

企业只有全面了解其面对的社会公众，全方位地、系统地、有针对性地营造自身形象，才能最终得到社会公众的广泛认可和接受，树立良好的形象。

3．企业形象信息传播

企业形象必须通过一定的传播手段和传播渠道才能建立。没有传播手段和传播渠道，企业实态就不可能为外界所感知、认识，企业形象也就无从谈起。企业形象的形成过程实质上就是企业信息的传播过程。传播作为传递、分享及沟通信息的手段，是人们感知、认识企业的唯一途径。企业通过传播将有关信息传递给公众，同时又把公众的反应反馈给企业，使企业和公众之间实现沟通和理解，从而达到塑造企业形象的目的。

企业信息的传播可以分为直接传播和间接传播两种形式。

(1) 直接传播是指企业在经营活动中其有关信息可直接为外界所感知，如企业建筑、办公营业场所、产品展览陈列、企业标志、员工行为等，无不作为特别的信息传播渠道向周围公众传递着客观、真实的信息。企业产品的消费者和用户更是企业产品信息的直接传播者，他们对产品的印象和评价最终形成了企业的产品形象。

(2) 间接传播是指企业有意通过各种专门中间媒介物所进行的传播。这些专门媒介物包括：印刷媒介如报纸、杂志及企业为树立形象所印制的各种可视品；电子媒介如电视、广播、电影、霓虹灯等；户外媒介如竖立在繁华地段、交通要道旁的各种形象广告牌等。这些媒介的特点是信息传递速度快、受众面广。企业借助大众传媒，运用广告和宣传报告的形式，可以及时有效地发送企业信息，介绍企业实态，扩大企业知名度，消除公众误解，增进公众对企业的了解与沟通。

(五) 独特性与创新性

1．独特性

企业形象的独特性又称差异性。社会竞争的加剧、竞争对手的增多，以及商品世界的繁华，迫使每个企业必须使其形象具有鲜明性和独特性，以显示其与众不同之处，给公众新鲜刺激，便于公众认知、识别，吸引其注意，从而在公众头脑里留下难以忘怀的美好印象。

独特性对企业提出了一系列要求：①独特性要求企业具有与众不同的企业理念及在此基础之上建立起来的经营作风和企业文化；②独特性要求企业生产出具有独特性的产品，提供与众不同的服务项目及服务质量；③独特性要求企业以简洁生动和富有感情的语言表达企业产品的功能与质量，切忌人云亦云、盲目模仿别人；④独特性要求企业精心设计自己的外在形象，包括企业的名称、商标、企业厂区的建筑式样和门面装潢、社区环境的绿化和美化等，使公众一瞥就留下难忘的印象，增强认知效果。企业形象独特性是内容和形式的有机统一。一方面，要求企业的外在形象具有鲜明的个性；另一方面，更要求企业的内在精神即内部深层形象具有鲜明的独特性。任何割裂两者统一的做法，都不能使企业具有良好的形象。

2．创新性

企业形象仅仅具有独特性还远远不够，必须在保持鲜明独特性的同时不断调整、提升自己的形象，并使之不断创新，才能适应市场需求、公众价值观、竞争状况、社会舆论、政府政策及各种环境因素的变化。

创新是企业形象的源泉，也是企业永葆青春的原因之所在。一个故步自封、墨守成规、缺乏开拓进取精神的企业，其原有形象再好也终将遭到世人的唾弃。随着社会经济的发展和科技的不断进步，社会公众特别是企业产品的消费者的价值观念及需求模式也在不断地更新变化。企业必须及时察觉这些变化并以不断进取的态度适时地更新企业形象，使其适应形势发展和公众观念的变化，才能立于不败之地。

创新性并不要求企业完全抛弃原有的良好形象。企业形象的建立非一日之功，它是企业长期努力的结果，是企业重要的无形财富。创新只有在坚持企业优秀文化和传统，在继承企业原有的良好形象的基础上，紧跟时代潮流，适应环境变化，与继承有机地结合起来，才能塑造出新的值得信赖的良好企业形象。

五、企业形象设计的缘起

企业形象不是一天就树立起来的，也不是一天就发展起来的。下面讲解企业形象的缘起及现代社会为什么会有企业形象的存在。

（一）信息化社会的到来

我们生活的社会，正以前所未有的速度迈向成熟的新时代。这是一个信息泛滥的社会，信息传播技术高度发达，各种信息铺天盖地，无孔不入，人们要面对各种信息传播媒体的层层包围和狂轰滥炸。在信息产业最为发达的美国，每年约出版3万多种图书，一个人如果24小时不间断地阅读，要花17年时间。在美国平均每年每人消耗42公斤多新闻纸，也就是说，美国每年用在印刷报刊上的纸张达1000多万吨。

在这激烈的信息浪潮冲击下，企业或商品很容易被信息的汪洋大海淹没，在众多同行业或同类商品中失去个性特征，逐渐被社会大众所遗忘。但同时信息化社会也给企业宣传自己和商品创造了前所未有的机会，可谓机遇与压力共存。此时企业更需要有效的传播策略，需要与其他企业有明显的差别，需要创造一种能表现企业经营理念的独特形象来强化社会大众对企业的认知，从而树立良好的企业形象。如图1-12所示为飞利浦、佳能、爱克发三个公司的企业标志。

PHILIP

(a) 飞利浦公司标志

Canon

(b) 佳能公司标志

AGFA *Agfa*

(c) 爱克发公司标志

图1-12　飞利浦、佳能、爱克发企业标志

（二）企业的双重社会身份

我国企业从计划经济的体制下解放出来，面对全新的生存环境和不断变化的市场经济，企业需要独立思考，给自己一个明确的定位。仅仅从一个经济实体来认识企业的存在价值是远远不够的，在激烈的竞争中求生存和求发展并不是企业存在的全部理由。企业不仅是经济效益的创造者，同时也是社会效益的创造者。正确处理企业和企业之间的关系、企业和社会之间的关系已变得越来越重要。

企业在本质上是一种经济性组织，是社会物质资料的提供者。企业的主要任务是尽可能地为社会提供消费品并由此获取应得的利润。但随着技术的进步，商品的品质和功能逐渐走向同质化，竞争由卖方市场向买方市场转化。企业必须重视自己的另一种社会作用，调整自己的经营理念，并得到社会大众的认同，才能拥有一个良好的发展空间。企业形象也要相应地符合这方面要求。如图1-13所示分别为中国唱片公司和滚石唱片公司的标志。

(a) 中国唱片公司标志　　(b) 滚石唱片公司标志

图1-13　唱片公司标志

（三）社会价值观的多元化

物质丰富的商品经济社会的一个显著特点是社会大众价值观的多元化和消费观念的多元化。人们选择商品的机会越来越多，选择商品额标准也会因人而异，不会像计划经济时期那样不假思索地抢购同一种商品，而是根据自己的兴趣爱好、社会地位、消费水平等因素进行选择。有的消费者讲究经济实惠，有的追求时新流行，有的注重商品的品质，而不在乎是何品牌，有的则以消费名牌商品来满足心理需求。如图1-14所示分别为吉列、高露洁、维纳斯、登喜路的企业标志。

(a) 吉列公司标志　　(b) 高露洁公司标志

(c) 维纳斯化妆品公司标志　　(d) 登喜路公司标志

图1-14　吉列、高露洁、维纳斯、登喜路的企业标志

(四) 市场竞争导向的变化

有经济学家指出，20世纪70年代的市场竞争是商品质量的竞争，80年代的竞争是营销与服务的竞争，90年代至21世纪初的竞争是企业形象的竞争。随着市场竞争格局的变化，企业从单纯的商品质量竞争逐渐转向重视产品的市场营销策略和全面的服务竞争，再发展到企业形象之间的竞争，竞争导向的变化给企业提出了新的课题。

现代企业要生存和发展，很大程度上取决于如何平衡商品力、营销力和形象力之间的关系。商品力是指商品的竞争能力，包括商品的品质、价格、多样化、先进性和开发潜力等。营销力是指企业市场营销的创造力和实力，包括销售和服务网络、促销计划、指导中间商、供货系统等。形象力是指企业和品牌的知名度、美誉度、信赖感等。在不同时期、不同企业的竞争重点有所不同。如图1-15所示为大众电脑、联想集团(曾用)、倚天集团、方正集团的标志。

(a) 大众电脑标志

(b) 联想集团曾经使用的标志

(c) 倚天集团标志

(d) 方正集团标志

图1-15　企业标志设计示例

第三节　企业形象的构成要素

CI系统的具体构成要素是由日本著名CI专家山田英理提出的，他认为CI包含以下两个方面的内容。

(1) CI是一种明确认知企业理念与企业文化的活动。

(2) CI以标志和标准字作为沟通企业理念与企业文化的工具。

换而言之，CI系统是由MI(Mind Identity，理念识别)、BI(Behaviour Identity，行为识别)、VI(Visual Identity，视觉识别)三个方面构成。在CI系统的三大构成要素中，核心是MI，它是整个CI系统的最高决策层，为整个系统奠定了理论基础和确定了行为准则，并通过BI与VI表达出来。所有的行为活动与视觉设计都是围绕着MI这个中心展开的，成功的BI与VI就是将企业的独特理念准确地表达出来。

案例1—2

宝洁公司的CI设计

宝洁公司的海飞丝、飘柔、潘婷、沙宣和伊卡璐都是我们耳熟能详的品牌，这五种洗发水的产品特点，在广告设计中得到充分的发挥。

海飞丝强调去屑——"头屑去无踪，秀发更出众"，轻松洒脱是海飞丝的"差别性"特点；飘柔强调对美好生活的向往——"用飘柔，就是这么自信"，自信是飘柔的"个性"特点；潘婷致力于健康头发的护理——"拥有健康，当然亮泽"，健康是潘婷的"不同"特点；沙宣强调自己前卫的个性——"我的光彩来自你的风采"，年轻、时尚是它的"排他性"特点；伊卡璐则将重点定位在天然芳香上——"悦享受、悦快乐"，自然是伊卡璐的"差异性"特征。这五个品牌能够将产品的各自特点与消费者的个性喜好和谐地结合起来，形成一个整体的形象，让"亲近生活，美化生活"这一企业形象更加突出，从而使宝洁公司在短短20年内就占领了中国洗护市场。

一、理念识别

所谓理念识别(MI)，是指企业确立自己的经营理念，对目前和将来一定时期的经营目标、经营思想、经营方式和营销状态进行总体规划和界定。企业理念对内影响企业的决策、活动、制度、管理等，对外影响企业的公众形象、广告宣传等。

MI的主要内容包括：企业精神、企业价值观、企业文化、企业信条、经营理念、经营方针、市场定位、产业构成、组织体制、管理原则、社会责任和发展规划等。

从理论上说，企业的经营是企业的灵魂，是企业哲学、企业精神的集中体现，也是整个企业识别系统的核心和依据。企业的经营理念要反映企业存在的价值、企业追求的目标、企业经营的内容，通过尽可能简明确切的、能为企业内外乐意接受的、易懂易记的语句来表达。理念识别在企业塑造品牌形象中起着引导与带领作用。例如，日本生产丰田汽车的TOYOTA公司的企业理念识别是："有路必有丰田车。"

二、行为识别

位于中间层的行为识别(BI)直接反映企业理念的个性和特殊性，是企业实践经营理念与创造企业文化的准则，是对企业运作方式做出统一规划而形成的动态识别系统。包括对内的组织管理和教育，对外的公共关系、促销活动、资助社会性的文化活动等。通过一系列实践活动将企业理念的精神实质推广到企业内部的每一个角落，汇集起员工的巨大精神力量。BI需要员工们在理解企业经营理念的基础上，把它变为发自内心的自觉行动。也就是说，员工们的一言一行，哪怕是微博、微信上的一句评论，都代表了企业的形象，而不是独立的、随心所欲的个人行为。

BI包括以下两个方面的内容。

(1) 对内：包括组织制度、管理规范、行为规范、干部教育、员工教育、工作环境、生产设备及福利制度等。

(2) 对外：包括市场调查、公共关系、营销活动、流通对策、产品研发、公益性及文化性活动等。

拓展知识

企业行为识别BI

企业的行为识别是企业处理和协调人、事、物的动态运作系统。

与我们日常的规章制度相比,行为识别侧重于用条款形式来塑造一种能激发企业活动的机制,这种机制应该是独特的、具有创造性的,因而也是具有识别性的。如日本本田公司为了鼓励员工提出各种合理化建议,就建立了一种按提出建议的数量与质量给予评分的奖励制度。分数可以累计,分值每到一定程度就可以获得相对应的奖励,分值达到某个数值还可以由公司付钱出国旅游。

现代企业可以说比过去任何时候都重视人的因素,充分尊重企业内的每一个员工,鼓励员工积极创造而不是单靠规章制度的约束是知识经济时代的一大特征。日本大荣百货有一种"人才盘点"规则,每半年盘点一次。适当调整各种岗位,破除等级观念,及时选拔一些更合适的人来担任合适的职务,同时,让各个岗位的人能通过多个视角来观察企业的各种岗位。把企业看成一个整体,使上下都懂得了每一个岗位都重要,每一个岗位也都明白其他岗位的难处,从而提高了协作精神。

三、视觉识别

视觉识别(VI)是以标志、标准字、标准色为核心展开的完整的、系统的视觉表达体系。它将上述的企业理念、企业文化、服务内容、企业规范等抽象概念转换为具体符号,塑造出独特的企业形象,相当于企业的"脸"。在CI设计中,视觉识别设计最具传播力和感染力,最容易被公众接受,因而具有重要意义。在互联网时代、信息爆炸的今天,人们比任何时代都更加依赖视觉形象,更易于被那些形象简洁、色彩高雅、包装精美的企业形象及商品吸引注意力。

VI涉及以下两个方面的内容。

(1) 基础要素:包括企业名称、企业标志、标准字、标准色、象征图案等。

(2) 应用要素:包括办公事物用品、服装系统、产品包装、环境展示、导视系统、交通工具、广告宣传、礼品等。

基础要素是以企业标志为核心进行的设计整合,是一种系统化的形象归纳和形象的符号化提炼。这种经过设计整合的基础要素,既要用可视的具体符号形象来展示企业的经营理念,又要作为各项设计的先导和基础,保证它在各项应用要素中落脚时保持同一面貌。通过基础要素来统一规范各项应用要素,达到企业形象的系统一致。

高水平的视觉识别系统是对企业形象进行的一次整体优化组合。不是将基础要素一一搬上应用领域就算了事,而必须考虑到基础要素在办公用品、广告宣传、包装展示等各类不同的应用范围中出现的时候,既要保持同一性,又要避免刻板机械。这些基础要素在具体应用中要能给包装、广告、名片等各类设计带来生气与活力,并带来良好的视觉效果,使人们感受到美感。

企业视觉识别VI

根据专家的研究，在信息社会中，企业的视觉识别系统几乎就是企业的全部信息载体。视觉系统混乱就是信息混乱；视觉系统薄弱就是信息含量不足；视觉系统缺乏美感就难以在信息社会中立足；视觉系统缺乏冲击力就不能给顾客留下深刻的印象。在这个意义上，我们可以断言，缺乏视觉识别，整个CI就不复存在。

第四节 良好企业形象的基本特征

自20世纪90年代以来，企业竞争发展到了一个新阶段，地方性和区域性经济格局被打破，市场竞争趋于全球化。过去那种认为产品只有卖到国外才是参与国际竞争的看法已经不适合今天的状况了，现在我国企业是在家门口参与国际竞争，国外的产品和品牌在我国的市场中比比皆是。

外国企业和品牌在市场竞争中的重要法宝之一是用CI战略武装起来的、经过长期市场竞争考验的优良的企业形象和品牌形象。因此，我国企业要与国外对手更好地竞争，站在同一起跑线上，就必须掌握CI战略这个有力武器。

一个好的企业要想在市场的大潮中战胜对手、取得胜利就必须具有自己的特点。一个好的企业形象应该具备如下几个特征。

（一）系统性

CI的系统性要求企业在应用CI战略时，必须使MI、BI和VI同时导入，通过"洗心革面"的系统设计达到"脱胎换骨"、升级换代、长盛不衰的目标，从而走向名牌。

当前，我国大多数企业CI设计和导入仅仅重视视觉系统的设计，如统一商标、名称，采用标准字体、标准用色，统一信笺、名片、服装等，忽视了对企业经营理念和行为方式规范化的设计，这种流于形式的片面CI设计很容易把CI引向歧途。如图1-16所示为某广告公司统一的CI设计。

（二）统一性

统一性即同一性。CI设计的基本内容就是形成统一的企业识别系统，使企业形象在各个层面得到有效的统一。它具体地表现在企业理念行为及视听传达的协调性，产品形象、员工形象与企业整体形象的一致性，企业的经营方针与其精神文化的和谐性。各要素之间的系统一致就像上下奔流不息的流水，互相引导、互相照应。

统一性是CI最显著的特点。如图1-17所示为肯德基公司的标志。

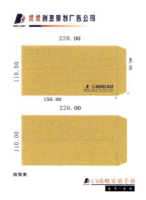

(a) 信笺类

(b) 员工服装　　　　　　　　(c) 领导胸卡

图1-16　某广告公司的CI设计

（三）企业个性

CI的要点就是创造企业个性。从本质上来说，CI是一种企业求得生存发展的差异化战略。差异性是CI的最基本特征，不仅表现在企业的标志、商标、标准字和标准色等不同于其他企业，同时也表现在企业形象的民族、文化差别上。如图1-18所示为洪祥设计工作室的标志设计。

（四）操作性

CI并不是一种空洞、抽象的哲学，也不是装点门面的花瓶，而是一种实实在在的名牌战略和战术，它必须具有可操作性。

图1-17　肯德基公司的标志

图1-18　洪祥设计工作室的标志

CI的操作性主要表现在以下三个方面。
(1) CI必须有一套渗透宣传企业理念的具体方法。
(2) CI必须有一套可具体执行的行为规范。
(3) CI必须有一套能直观体现理念的视觉传达计划。

(五) 动态性

CI的设计和导入是一项复杂的系统工程,它牵涉到企业经营的方方面面,既是企业外在"形象"的更新,也是企业内部"灵魂"的革命。因此,CI并不是一次性的短期行为,如肯德基的标志,2006年进行了变化,如图1-19所示分别为肯德基第四代、第五代标志。

(a) 肯德基第四代标志

(b) 肯德基第五代标志

图1-19　肯德基的标志

CI是一项长期工作。国外企业CI的导入及实施周期一般是10年，CI的部分导入一般也需要两三年时间。在这一期间，企业的内、外部环境，比如经营战略、经营方式、市场定位、产品定位及企业的组织机构设置等都可能发生一定的变化，所以企业必须进行调整。

第五节　企业形象的功能

CI通过对MI、BI和VI的协调统合，对内可以强化群体意识，增强企业的向心力和凝聚力。对外通过标准化、系统化的规范管理可以改善企业体质，增强适应能力。对外可使社会大众更明晰地认知该企业，建立起鲜明统一、高人一等的企业形象，为企业的未来发展创造整体竞争优势。

企业形象具有以下几个方面的功能。

（一）识别功能

如今，各企业的产品品质、性能、外观、促销手段都已趋类同，CI战略的开发和导入能够使企业树立起特有的、良好的形象，促使企业产品与其他同类产品区别开来，从而提高企业产品的非品质的竞争力，在市场竞争中脱颖而出，独树一帜，取得独一无二的市场地位，赢得消费者对企业的认同、偏好和信心。

（二）管理功能

在开发和导入CI的过程中，企业应制定CI推进手册作为企业内部法规，让企业全体员工认真学习并共同遵守执行，以此保证企业识别的统一性和权威性。通过法规的贯彻和实施，统一和提升企业的管理水平和战略规划，确保企业自觉朝着正确的方向发展，进行有效的管理，从而增强企业的实力，提高企业的经济效益和社会效益。

（三）传播功能

CI战略的导入和开发能够保证企业信息传播的同一性和一致性，并且使传播更经济、有效。例如，视觉识别系统的建立使关系企业或企业各部门可遵循统一的传播形式，使之应用在企业所有的媒体项目上。这样一方面可以收到统一的视觉识别效果；另一方面可以节约制作成本，减少设计时无谓的浪费。尤其是编制标准手册之后，可使设计规格化，操作程序化，并可保证一定的传播水准。在CI战略系统操作过程中，统一性与系统性的视觉识别设计可加强信息传播的频率和强度，产生良好的传播效果。

（四）应变功能

在瞬息万变的市场环境中，企业要随机应变，变是绝对的，不变(稳定性)是相对的。企业导入CI能促使企业信息的对外传播具有足够的应变能力。CI可以随市场变化和产品更新应用于各种不同的产品，从而提高企业的应变能力。

（五）协调能力

企业有了良好的CI，可以加强内部组织成员的归属感和向心力，齐心协力地为企业的美好未来努力。也就是说它可以将地域分散、独立经营的分支业务机构组织统合在一起，形成一个实力强大的竞争群体，发挥群体的作用。

（六）文化教育功能

CI具有很强的文化教育功能，因为导入CI战略的企业能够逐步建立起卓越而先进的企业文化和共享价值观，而一个拥有强大的精神文化和共享价值观的企业对其员工的影响是极其深远的。

员工不仅能够体会到工作的价值，而且会因成为企业的一分子而备感自豪，从而更加主动地认同企业的价值观，并将其内化为个体价值观的一部分，从而提高员工士气，增强企业的凝聚力。同时，CI的导入还可以帮助企业吸收最新的理论、科学、技术、人才等，从而使企业在运转有序、协同统一的基础上，加速发展。

1. 企业形象的功能有几种？
2. 企业形象的含义与构成要素是什么？

鉴赏"成都千禧宝贝品牌童装服饰"企业形象宣传作品

1. 项目背景

为了进一步提高员工的设计水平，业务主管周晓建议，让小张、小王和小梁多接触一些好的设计作品，以增强他们的设计意识，提高设计能力，两位老总完全赞同。于是周晓给员工们发来了"成都千禧宝贝品牌童装服饰"企业形象宣传作品，要求员工对其进行分析和鉴赏。

2. 项目任务

鉴赏"成都千禧宝贝品牌童装服饰"企业形象宣传作品，分析广告宣传作品中的色彩搭配、构图特点及创意思想等。

通过对好作品的分析、鉴赏，开阔眼界，丰富设计知识，增加对各种形式美感的认识，提高鉴赏能力和平面设计的综合素质。

3. 项目要求

在网上搜索"成都千禧宝贝品牌童装服饰"，认真仔细地观察其中的企业形象设计图片，对其中的色彩搭配、构图特点、创意思想等诸多方面进行分析、鉴赏，并挑选出两幅自己最喜欢的设计作品来，写出自己对它诸多方面的鉴赏分析报告，以提高自己的鉴赏水平和设计能力。

4．参考网址

http://www.cnwebshow.com/art

第二章

CI的历史沿革与发展现状

学习要点及目标

- 了解CI的发展历史。
- 了解各国CI的发展过程。
- 掌握中国CI的发展特征。

CI产生于现代市场经济，成熟于国际化的竞争环境。当初它只是通过视觉传播差别化设计，让更多社会公众理解和认识，从而达到促销目的的一种手段。随着竞争的发展，这种差别化设计逐渐扩展，并渗透到企业各个领域，成为一种新的经营方法，即CI战略。

CI的最初概念为"企业识别"。在企业识别的战略思想的指导下规划出整套识别系统，也就是企业识别系统(Corporate Identity System)，即CIS，简称CI。

这说明，CI或CIS最初的表征就是：设计与展示一整套区别于其他企业、体现企业自身个性特征的标识系统，从而突出企业形象，在市场竞争中获胜。

引导案例

IBM公司

CI的正式兴起，当以1956年美国计算机巨人——国际商用机器公司(IBM)引领CI的创举为标志。当时IBM公司的总裁是小汤姆斯，他认为，IBM公司有必要在世界电子计算机行业中树立起一个响当当的形象，且这一形象要表达公司的经营理念，即开拓精神和创造精神，以利于市场竞争，进而使公司跻身世界大企业之列。于是他聘请了建筑师、设计权威——艾略特·诺依斯担任IBM的设计顾问。

诺依斯借鉴历史上统一识别的经验，认为公司应该有意识地在消费者心目中留下一个具有视觉冲击力的形象标记，这一标记能体现公司的开拓精神、创造精神和独特个性的公司文化。他把公司的全称INTERNATIONAL BUSINESS MACHINES浓缩为IBM三个字母，并创造出富有美感的造型，用蓝色作为公司的标准色，以此象征高科技的精密和实力，如图2-1所示。

IBM公司通过设计塑造企业形象，成为美国公众信任的"蓝巨人"，并在美国计算机行业占据非常显赫的霸主地位；随着IBM公司导入CI的成功，美国的许多公司纷纷仿效，如东方航空公司、西屋电气公司、3M公司。而且导入CIS的企业纷纷刷新了原有的经营绩效，如克莱斯勒公司在20世纪60年代初一下子把市场占有率提高了18%，东方航空公司凭借CI的成功导入从破产边缘起死回生。

20世纪50年代是CI的创立阶段。在这一阶段，几乎没有形成系统的理论。到了60年代，一位设计人员沃森·马格里斯正式提出CI术语，自此企业的标识设计不再被看作是单纯的工艺美术创作，而是成为统一企业形象、表达企业精神的经营战略的一部分。自此，CI理论开始不断丰富和发展起来。

20世纪70年代是CI被广泛运用的全盛时期。1970年可口可乐公司导入CI，更新了世界各地的可口可乐标志，从此在世界各地掀起了CI热潮。

图2-1　IBM公司的标志

　　IBM公司成功的CI设计塑造了企业形象，同时也引起世界各国企业纷纷效仿，那么中国的CI发展又是怎样的一种情况呢？当信息时代到来时，CI的发展又将是怎样的一种趋势呢？这是本章我们将要讲解的内容。

第一节　CI的雏形

　　一般认为，CI的雏形起始于两件事。一是1914年著名建筑家培德·奥伦斯为德国AEG电器公司设计商标，并将其应用于公司的所有便条纸和信封上。二是20世纪初的意大利数学家奥利培帝为以其名字命名的打字机设计商标，并着重关注商标的美感和独特性。如图2-2所示为AEG电器公司商标和奥利培帝的设计。

(a) AEG电器公司商标

(b) 奥利培帝打字机商标

图2-2　CI的雏形设计

上述两例虽不能称为CI产生的标志，甚至也不能称为正式CI的产生，但它们至少意味着VI(视觉识别)的开端。

第二节　美国CI的发展

美国是一个多民族、多元文化、多种语言并存的国家，其技术水平、经济实力、管理水平和市场竞争能力都处于世界领先地位。第二次世界大战以后，欧洲的设计家大量移民到美国，使美国的工业设计和视觉传达设计很快达到世界一流水平。

美国企业非常重视标志、标准字、标准色等视觉符号系统的传播作用，并以此来树立独具一格的企业形象。美国著名设计大师、CI专家索尔巴斯(Saul Bass)认为："设计者的作用就是要创造出更加有效的视觉传达工具，对某种观念、产品和服务予以宣传……我们所用的工具不外乎线条、色彩、图形、结构和印刷技术，而关键的问题是围绕着内容与意图反复推敲。"

美国模式的CI战略主要是通过对企业视觉识别的标准化、系统化的设计和规范，通过独特的视觉信息符号系统来表现企业的经营理念和特色，统一企业传播形象，从而达到使社会大众认知、识别并建立良好企业形象的目的。

对美国式的CI模式来说，在企业明确了自身的市场定位和形象目标之后，负责视觉识别系统(VIS)的设计统筹就成了相当重要的工作。可以说，视觉识别系统的设计表现如何，关系到企业CI战略的成败。如图2-3所示为一些著名的美国企业标志。

(a) 微软公司标志　　(b) 苹果公司标志

(c) 戴尔公司标志　　(d) 英特尔公司标志

图2-3　美国著名企业的标志

美国式的CI模式重视视觉传播，虽然这种模式产生于特定的环境中和条件下，但在世界各地，尤其是刚刚引进CI的国家，大都以视觉型为引入的基点，将其和企业市场营销策略以及著名品牌策略相结合，从而取得了良好效果。

这也说明，统一的、个性的视觉识别系统传播，最容易使企业在市场竞争中建立良好的感性形象，打开市场知名度，从而为进一步与消费者大众建立信赖关系打下良好的基础。

第三节　日本CI的发展

日本从美国引进了CI战略，作为东方民族，日本的企业管理思想历来深受东方文化的影响，特别注重企业自身的内在修炼。正如日本人巧妙地将西方先进的管理理论、管理技术以及管理手段和日本的传统文化相结合，形成了日本式的企业经营管理制度一样，日本企业在导入CI战略时，不仅吸取了欧美等西方国家的长处，同时也融合了日本民族文化和管理特色，创造了具有本民族特色的CI模式。如图2-4所示为索尼公司标志。

图2-4　索尼公司标志

日本模式的CI战略，不仅强调视觉识别(VI)的标准化、系统化设计规范，而且重视理念识别(MI)、行为识别(BI)、视觉识别(VI)的整体性作用。它追求完整地传达企业独特的经营理念和特色，并上升到企业经营管理和企业文化建设的高度，最终达到使社会大众认知、识别并建立良好企业形象的目的。如图2-5所示为西门子公司标志。

图2-5　西门子公司标志

日本的企业界认为，文化融合是好的，日本企业成功的秘诀就在于现代化与民族化的融合。日本式的CI模式强调以企业理念为中心，把概念性的抽象理念转变为独特的行为模式与具体可见的视觉形象，并在统一的企业理念指导下，对内整合和强化全体员工的归属意识，对外传播企业良好的产品形象、品牌形象、市场形象和企业形象。如图2-6所示为富士公司标志。

图2-6　富士公司标志

日本著名CI专家中西元先生认为："日本式的CI战略就是把设计与企业理念、经营方针结合起来，以创造美感型企业为目标的企业形象。"野村综合研究所主任上也明认为："CI战略就是将企业的个性鲜明地传达给外界，换句话说，就是将企业个性或特色广泛地传达给外界，使外界产生固定的印象。"如图2-7所示为卡西欧公司标志。

图2-7　卡西欧公司标志

总的来看，日本CI不仅仅局限于企业外观形象的展现，而是将其上升为企业经管战略和企业文化建设的高度，进而要求每个企业对国家利益和社会进步做出贡献。它非常突出日本风格，重视MI、BI、VI的整体性，竭力追求完整的、最佳的视觉状态和文化内容。这一点可以从日本CI之母——马自达的CI设计中看到,如图2-8所示为日本马自达企业形象设计。

(a) 马自达公司旧标志

(b) 马自达公司新标志

(c) 马自达企业的文件夹

(d) 马自达的汽车专卖店

图2-8　马自达的商标及应用

20世纪70年代初期,CI企业形象识别设计刚刚进入日本,尚处于萌芽状态,马自达大力度运用CI战略革新企业形象的重大举措,给日本企业界带来巨大冲击。从此以后,CI热潮席卷日本,众多大企业纷纷导入CI。在长期的实践过程中,日本的企业和设计公司逐渐发展出不同于欧美的日本式CI设计战略。

马自达公司在20世纪70年代初期原名为松田汽车,其商标为字母H和M的组合,在日本国内的消费者都知道该标志代表着松田汽车,然而在海外却经常发生误解现象。因此,为了统一并塑造符合企业国际化发展的鲜明企业形象,马自达公司盛邀日本专门为企业导入CI的POAS公司重新设计其企业形象。POAS公司采用当时国际流行的字母标设计策略,将企业名称、品牌名称、商标图案完全统一为简洁、有力的5个字母Mazda。经过专门设计的标准字体,传达信息凝练,造型刚劲有力,视觉冲击力强。

POAS公司根据马自达汽车的应用状况,设计了非常详细的CI应用手册,用于指导企业内部的CI实施。考虑详尽、说明翔实、项目丰富、实用性强的CI手册确保了马自达在全球各地企业形象的高度统一。

市场风云变幻,企业发展难料。亚洲金融风暴爆发后,日本高速增长的经济遽然刹车,日本汽车工业也陷入行业性的发展危机。经过多番较量,负债累累的日本马自达被福特收购。马自达汽车并入福特汽车集团后,福特汽车集团对马自达的经营进行了重大调整,在内部管理、产品战略、市场营销等方面重新做了部署。在企业CI战略上,继续保留在市场上行销多年、拥有丰厚品牌资产的Mazda品牌,但在品牌形象识别上做了较大变动。时过境迁,曾经被誉为日本CI史上经典之作的马自达Mazda标志,在全球沿用20余年后,终于无奈地让位于一个极具美国风格和美国特色的新设计。

在21世纪来临之际,福特赋予马自达一个全新的形象。这是一个展开双翅奋力高飞的字母M。马自达新形象宣言声称：凭着马自达精神，怀着对未来的憧憬，我们自豪地向您介绍我们新的品牌标识。特殊字母M是翱翔中的双翅形象，它象征着马自达将飞向未来——飞向那追求持续增长的、进步的未来，飞向那全凭马自达员工们的创新、献身和积极努力才能实现的未来。新的品牌标识将使我们的诺言得以实现，我们向用户提供的高品质产品，将集独特的驾车情趣、周到齐全的销售及服务技术和信誉至上的精神原则于一身。

一、日本企业形象的五个发展阶段

日本从一个战败国发展成为现在国际社会屈指可数的经济强国，20世纪70年代的企业形象战略已经开始有意识地用于经营战略之中，其发展过程可分为以下五个阶段。

（一）印象新颖和标准化

20世纪70年代初，日本导入CI，基本上参照美国的做法和风格。这一阶段的CI基本局限在VIS的范围内，重心放在视觉设计的标准化上，以标准字、商标、标准色为CI策划的核心。

（二）企业观念和经营方针的刷新

20世纪70年代末，企业形象设计的中心内容是"深入经营核心，刷新企业理念和经营方针"。各企业纷纷修改经营方针，建立企业市场战略，并且取得了实效。1976年，松屋的山中冠社长接受POAS公司的建议，决心更新具有百年以上历史传统的行业印象。结果松屋实施企业形象战略三年来，销售额与同期相比，连续以两位数的速度增长。

我们来看看日本松屋的CI历程：作为时代百货店的松屋新的变革确实令人耳目一新，几乎同时松屋也导入了新的CI系统，如图2-9所示为松屋百货标志设计。

图2-9　松屋百货的标志

松屋从1965年以来一直使用"松"和"鹤"所组成的传统性标志，随着公司的发展后来改以英文字体标志MATSUYA，成为视觉传递的核心部分。

1. 松屋导入CI的理论分析

松屋重新分析顾客需要和增加符合时代的商品，并改善员工服务态度，提振员工士气。新的识别作为当时大规模的、正在进行中的内外传播活动的一部分而出现——在这些活动中，公司进一步强调了其形象识别有力、清晰、简明的宗旨。从此，新的形象识别与长期的行为变革并肩前进。这次更新计划有以下四大目标。

(1) 向顾客建议新的生活方式。顾客试穿衣服或购物时，售货员必须当场介绍这些服饰和商品如何适于新时代的生活。

(2) 使顾客了解优秀的商品性能并且接受价格。员工必须了解各种商品的性能，才能向顾客说明。

(3) 使松屋成为以经营服装、日用品、礼品为特色的公司。符合潮流的服装与衣料类、使日常生活更舒适的日用品、交际所需的礼品类均能符合客人的需求。

(4) 使松屋成为日本服务第一的公司。每一位员工均须遵守公司规则，有良好的礼貌及服务态度，以成为日本服务态度第一的公司为目标。

传达百货公司形象的方法有招牌、包装纸、购物袋、装饰、宣传、推销等，可以说牵涉到一切营业活动要素，但是以往每一项的决定权都分属不同部门，要表现统一感就有困难。例如，自动销售机属于总务部管理，装饰由公司内部装潢科主办，广告宣传则由广告科主办。虽然松屋公司原来使用的标志和包装纸，每一项设计均很优秀，能发挥个性，但缺少松屋的统一形象。只有统一形象才能表现公司的整体统一感。

开发和导入CI系统时要确定松屋的目标和方针，因此必须了解高级主管的企业哲学、经营方针和一般员工的意见；从中小学生到建筑师，以各行各业人士为对象进行广泛的调查工作，重新分析这个行业的资料和购买行动，并听取专家们有关经济动向、生活意识、社会背景等方面的意见。

通过调查得知，旧标志的形象是传统性的衣料店，也有误认的回答。关于标准字体的调查，许多人认为会有浓厚的重工业形象。对于公司形象，大多数回答认为其具有稳定感和老资格。

2．"创造松屋新文化"的方针与概念

松屋标志设计的关键语是"能满足都市进步中成人感的需求"，定位于华丽与纤细的形象。为了造就都市型的百货公司形象，设计以关键语为基本出发点、英文字体为中心，日文则作为辅助要素而使用，以区别于过去字体与标志的组合。设计家们共提供了10件备选作品，由松屋的高级主管及各单位负责人、外聘的专家组成审查委员会，经委员们评定后转送松屋董事长批准。结果采用设计家仲条正义的作品，并认为它最能表现"既华丽又纤细的进步感，并满足成人需求的百货店"的形象。

了解CI系统的人当然觉得其内容很简单，但是松屋导入CI系统时无论是开会或表决，员工能了解的寥寥无几，而能说明的人则更少，甚至有些女职员从未听过CI这个名称。

因此，为了使员工知道什么是CI，在导入CI作业的同时由POAS公司的中西元男对员工进行有关CI的讲座，内部刊物也登载说明并利用早会时间以幻灯片介绍。

松屋百货的部分视觉设计作品如图2-10所示。

图2-10　松屋百货的部分视觉设计作品

（三）意识变革和体制改善

20世纪80年代初，日本的CI以员工意识变革和改革企业体制为主，针对企业的现状，强化员工的变革意识和完善企业的体制。本阶段的企业形象设计注重防患于未然。此阶段成功地进行企业形象策划的代表企业如布里奇顿轮胎公司等。

（四）确立新企业开发和企业形象战略

20世纪80年代后期，企业的形象策划注重在掌握企业自身的经营资源和经营方针的基础上，扩大与同行业竞争者之间的差异。本阶段的企业形象策划方向已经倾向对事业领域的策划和领导型事业的开发。

（五）确立企业生存意义，制定企业理念

进入20世纪90年代，企业形象策划已经从生存方式进入个性化、进步性兼具美的时代。在这一阶段，重新构筑21世纪新型企业理念已成为企业形象策划的当务之急。

二、日本CI的三个特点

（一）注重整体性和系统性

日本导入的CI不仅重视视觉符号设计，更重视理念和行为识别系统的设计，尤其注重企业文化和经营理念的传达和培养，这在世界各国已享有盛名。日本第一劝业银行的标志体现的企业理念是"爱心"，如图2-11所示为日本第一劝业银行的标志设计。

图2-11　第一劝业银行的标志

（二）注重企业文化和经营理念

由于特别注重企业文化和经营理念的培养，日本式的企业形象设计始终贯穿着人性管理的思想，整个企业形象设计规划偏重于以人为本。这与偏重于理性制度条规的美国型CI形成了鲜明的对比。

（三）注重实际调查研究

日本式的CI注重前置性的企业实际调查研究，以及企业开发经营与发展等同时进行的策略制定，因而企业形象策划耗费的时间较长。

日本的CI是一种明确地认知企业理念与企业文化并以此为出发点，以视觉识别和行为差异来反映企业理念和企业文化，是一种视觉表情、行为规范和企业理念相统一的CI战略，它反映了企业塑造整体形象的要求。这极大地提高了CI的使用范围和使用价值，使更多企业将CI战略视为基本的经营战略。日本在美国的CI基础上进行了发展，使其更为系统、更为完善、更为有效。

第四节　中国CI的发展

CI在台湾地区于20世纪70年代后期兴起，于80年代中后期盛行。台塑、味全、统一、宏碁电脑等先后导入CI，极大地提高了其在市场竞争中的地位。如图2-12所示为统一和宏碁的标志。

(a) 统一企业标志　　　　(b) 宏碁公司标志

图2-12　台湾著名企业标志

CI进入中国大陆地区大约是在20世纪80年代中后期，最早接受CI理论的是美术院校。1984年，浙江美术学院从日本引进一套CI资料，作为教材在校内进行教学使用。进而，各美术大专院校纷纷在原来的平面设计、立体设计等教学中增加了CI视觉设计的教学内容，着重介绍CI这门新学科以及其新的设计理念和技法。伴随着经济全球化的发展，特别是国外企业和产品逐步进入中国，强烈的CI视觉识别给消费者带来的冲击力和感染力，促成CI走出艺术院校的殿堂，与企业经营管理相结合，开始为塑造中国企业新形象服务。

拓展知识

中国的CI

20世纪80年代中期，CI在中国大陆悄然出现，最初是以理论的形式作为美术院校的学术教材引进的。1988年，在改革开放大潮中，经济发展迅速的广东省出现了专业的经营理念设计机构，策划实施了太阳神的CI系统，立即引起企业界、新闻界、设计界的重视，翻开了CI在中国具有历史和现实意义的第一页。

一、中国CI的背景

无论从历史还是现实的角度而言，太阳神的CI战略都是中国企业导入CI的前奏，并经市场实践证明，是最具积极意义和深远影响的中国CI战略典范。太阳神以其红色圆形和黑色三角形为基本型的具有强烈冲击力和现代感的视觉识别系统，迅速遍及中国大陆，甚至影响远至港澳和东南亚等地区，使这家企业的年产值呈现奇迹般的跳跃式增长。由刚成立时的5万元资产起家,导入CI后,当年的产值就达到520万元,1990年增至4300万元,1991年增至8亿元,1992年更达到12亿元。太阳神的总经理说,其中一半的利润都是由CI带来的。在短短的几年中,以太阳神为开端,"万宝""半球""健力宝""乐百氏""李宁""卓夫""海王""森碧氏""浪奇""999""美菱""中国银行""四爱""联想"等相继导入CI,如雨后春笋般以鲜明的企业形象屹立于中国市场。如图2-13所示分别为"李宁""三九集团""中国银行"和"联想"的商标设计。

(a) 李宁公司标志   (b) 三九集团标志

(c) 中国银行标志   (d) 联想集团标志(曾用)

图2-13　国内著名的企业标志

CI经历了从德国的始创、美国的发展到日本的成熟再到韩国和中国台湾的导入等各个时期。中国大陆以往只是在铁路、民航、邮政、银行等部门非正式地、零散地开展过这项工作,直到20世纪80年代末才正式引入CI,这与中国经济状况和文化背景是分不开的。

在中国经济体制明确为社会主义市场经济以前,企业在计划经济体制下没有市场竞争的压力,尽管工业水平低,竞争意识差,但只要在产品花样或质量方面有一定的优势,就足以维持生存,因此企业普遍不思发展。一只热水瓶的造型,可以几十年不变,只在外壳上变换图案。这导致市场萎缩,商品种类很少,企业没有设计,也用不着广告。如图2-14所示分别为中国国际航空公司和中国电信的标志。

(a) 中国国际航空公司标志   (b) 中国电信标志

图2-14　中国国际航空公司和中国电信的标志

对市场经济的肯定和对重新加入国际关税和贸易总协定(GATT)的决心,令中国的市场态势发生了很大变化:生产力迅速发展,市场竞争日益激烈,人民文化鉴赏力也随之提高。如何在激烈的市场竞争中完善企业形象,把握企业命运,谋求生存和发展,自然就成了重要的课题,CI战略也由此应运而生了。

二、中国CI的现状

中国企业形象设计的发展现状是：在方法上，理论宣传推动市场实践；在经济上，富裕发达的沿海地区向贫穷落后的内地纵深发展；在地域上，从南方向北方蔓延伸展；在所有制上，民间的独资、合资和三资企业向国有大企业影响推进。

中国的企业形象设计在内容上注重VI，不注重MI和BI；在应用上重感性、重形式、重短期效果，不重内容建设；在传播效果上从早期引起轰动效应，为企业带来巨额利润，到现在回归理性，成为企业形象建设的一个基础部分。起决定作用的是经济的发展，而在经济改革开放中迅速发展的广东设计界，在CI领域中做出新的探索和努力，发挥了引领的作用。

CI在中国的实践取得了初步的但是较大的成功，除太阳神以外，几年来产生了不少较优秀的例子。在衬衣市场，"卓夫"的CI战略体现出永恒博大的竞技精神，独具特色，如图2-15所示为卓夫企业的标志。

每当提起农夫山泉，消费者脑海中首先闪现的是那句经典的广告语："农夫山泉有点甜"。这句广告语来源于农夫山泉的一则有趣的电视广告中：在一个乡村学校里，当老师往黑板上写字时，调皮的学生忍不住喝农夫山泉，推拉瓶盖发出的砰砰声让老师很生气，他说："上课请不要发出这样的声音。"下课后老师却一边喝着农夫山泉，一边称赞道："农夫山泉有点甜。""农夫山泉有点甜"的广告语因为这则电视广告广为流传。如图2-16所示为农夫山泉的企业标志。

图2-15 卓夫企业标志

图2-16 农夫山泉标志

保持CI的基本特征，合乎国情，回归理性，回归系统化，明确CI的功能，采取以品牌形象为先导的形式才是中国CI今后发展的方向，也是中国CI与国际接轨的必经之路。

三、中国CI的特色

中国CI还处于萌芽、学习、模仿、宣传和探索之中。一方面，由于时代的局限性，目前的市场竞争机制尚不健全，企业普遍对CI缺乏了解，加上经济力量的限制，企业对这方面需求的当务之急是实用性，因此，导入的只是片面的、局部的CI，即实际上VI的成分较大。

另一方面，CI理论最初是由设计界引入的，设计师可能认为CI中的VI部分才是自己所能胜任的，而其他的MI和BI部分是力所不能及的，至少还要经过一段学习和探索的过程。因此，产生了MI、BI与VI脱节的情况，只顾到脸，而缺少头脑和四肢，实行CI就不可能完善和彻底，给人感觉如同无本之木、无源之水。

不完整性是目前实行CI的另一个特点，这也是为什么早期导入CI的一些企业虽然取得了巨大经济效益，而当市场竞争加剧时，便举步维艰的原因之一。

（一）基本点

中国推广CI坚持的一个基本点是：合乎中国国情，符合中国传统文化背景、经济环境、社会环境、企业经营目标、组织模式等。如图2-17所示为熊猫公司标志，如图2-18所示为TCL公司标志和金星公司标志。

图2-17　熊猫公司标志

(a) TCL公司标志　　　　　　　　　　(b) 金星公司标志

图2-18　企业品牌名称设计

(二) 基本思路

中国推广CI坚持的一个基本思路是：认真研究CI产生的原因、背景，了解CI的理论和体系，分析CI战略成功案例，然后吸取众家之长并结合企业面临的现实问题进行导入。

具体可以从以下几个方面入手。

(1) 吸取中国传统思想文化中的优良成分。

(2) 总结企业发展的成功经验。

(3) 以国情为基础并借鉴国外成功经验。

(4) 大胆创建中国特色CI。

(三) CI面临的问题

中国推广CI仍然面临如下几个问题。

(1) 不完善的市场竞争机制。

(2) 缺乏系统理论和专业人员。

(3) 有的设计机构花费几万元甚至几十万元堂而皇之地进行大手笔设计，但其实用性、效益性微乎其微。

(4) 战略类型调整的变化。

(四) 借鉴的几种模式

1．全面整体的CI

全面整体的CI模式的基本设想是显示成熟、先进、现代化、国际化企业的风范。这种模式对企业要求很高，要求企业具有相当的经济实力、技术实力、经营管理水平，且具有在国内外市场有竞争力的产品。

2. 阶段性目标的CI

阶段性目标的CI模式基本设想是根据企业的实际情况将长期的CI划分为若干阶段，既有长远计划又有近期目标，适合于经济实力和管理经营技术实力较好的企业，也适合于转换机制向全方位经营发展的较成熟的企业。

3. 以品牌形象为先导的CI

以品牌形象为先导的CI模式借助拳头产品和品牌知名度统一形象。首先统一某种有市场前途并可以发展为企业统一名称的视觉印象类品牌形象，然后对其他品牌逐渐改造。

（五）认识的误区

20世纪80年代初，CI进入中国，寥寥几家专业媒体对其进行了浅表性的介绍。大概在1985年，《广告世界》杂志上的一篇介绍CI的文章，算是中国最早期的相对完整的介绍CI的文章之一。

直到21世纪的今天，将VI当作CI的例子依然屡见不鲜。但自20世纪80年代早期的引入到90年代初期的盛行，直到近年来的诸家理论热潮，仅用了十余年时间就让CI理论风靡神州，这在美国、日本等CI发达地区的专业人士看来的确是个"奇迹"，当然，这是仅从速度上而言的。至于质量，正因为我们在严重缺乏导入条件的基础上快速发展，所以问题自然就少不了，主要的认识误区表现为以下几个方面。

(1) 认为CI是花拳绣腿中看不中用。
(2) 认为CI是灵丹妙药期望过高。
(3) 认为VI是CI的全部。
(4) 认为导入CI后就可以坐享其成。

中国呼唤名牌，世界呼唤名牌，激烈的市场竞争也在呼唤名牌。只有"实事求是"地正视不足，找出差距，走出导入CI的误区，不断探索，不懈努力，CI的导入才能收到令人满意的效果。如图2-19所示为某企业部分优秀的CI设计。

图2-19　部分优秀的CI设计

第五节　文化差异与企业形象的塑造

美国营销学家科特勒教授曾不无惋惜地指出，在国外莽撞犯大错的往往就是那些在国内获得巨大成功的企业，他列举了康宝贝尔公司、宝洁公司和通用汽车公司。

形成这种现象的原因很多，但其中共同的一条就是"自我参照准则"在起作用。所谓"自我参照准则"是指无意识地参照自己的文化价值观。也就是说，这些公司忽略了海外市场文化环境和本国文化环境之间可能存在的差异。

营销学研究表明，营销不仅是经济行为，也是文化活动。

由于历史上各国和地区相对封闭,使得与之相关联的文化环境有着明显的规律性和差异性,所以,在国际市场营销中,文化因素的敏感性更大,对文化环境的漠视便成为一些公司失败的关键因素。

一、审美心理差异

审美心理是指一定人群的审美标准和审美能力,它潜移默化地来源于造型、表演以及文学等艺术形式,对营销活动影响显著。美国人在选择服装时注重张扬个性,追求标新立异;中国人则不同,追求典雅含蓄、合群合体。不同的美学追求往往迫使企业对商品的造型、包装以及广告艺术形式做出适应性调整。

一些事物在一定文化背景中有着独特的象征意义,而且在不同国家或地区其象征意义可能会完全不同。中国人喜爱荷花,因为它出淤泥而不染,象征高尚纯洁,但不喜欢乌龟,因为其形象丑陋。日本人则不同,他们常把荷花与死亡联系在一起,象征不幸,却认为乌龟善于忍耐且象征着顽强和长寿。这种在历史上形成并积淀在当代人头脑中的美学追求还很多,如意大利人忌讳送菊花给别人,法国人不喜欢绿色,美国人喜爱牛仔形象等。在国际营销中,企业必须谨慎地评估这些审美心理可能产生的影响。

随着大众文化的兴起,人们的审美心理日益多变,对企业来说这既是挑战也是机遇。在这个"感性消费"时代,能满足消费者的审美心理并成为大众文化的弄潮儿,无疑对营销活动有事半功倍之效。

二、宗教信仰差异

多数国家历史上信仰某种宗教,宗教信仰构成了其文化的重要组成部分。

由于传统上的支配地位,宗教信仰对一国的国民性的塑造起到了重要作用。国民性表现为一个稳定的价值观体系。基督教倡导节俭和勤奋工作,易导致追求效率的氛围,并易产生实用主义人生哲学。佛教强调精神修养,贬低物欲,易导致对技术的忽视以及对和谐人际关系的追求。这些价值观的形成逐步渗透到人们的日常生活当中,对消费需求的内容结构及消费模式产生了或明或暗的影响,这种影响是持久的、强烈的。

一些风俗习惯源自宗教活动。风俗习惯一方面可以转化为特殊的商业规范;另一方面也使得某些商品的销售有很强的季节性。一些宗教现象甚至直接形成了特殊的消费文化景观,商家利用圣诞老人做促销活动便是一例。

宗教都有其特有禁忌,其中伊斯兰教最多。印度教崇拜牛,忌食牛肉;伊斯兰教忌讳妇女抛头露面,不允许其出现在商业场景中等。

宗教势力虽已无往日显赫,但现代文明的种种缺憾导致了人们在心灵深处对自然的回归和对神秘的某种向往,因此,宗教影响仍不可忽视。

应该指出,文化要素之间是密不可分和相互渗透的。广义的文化概念几乎无所不包。在一定情况下,对这些要素的研究确实很有必要。还应该说明,对语言、宗教信仰及美学的上述分析还远不够精细。但重要的是,这可以使营销人员认识到海外文化环境的差异性,从而可能使他们摆脱"自我参照准则"。

三、文化差异与企业形象塑造

企业形象关系到企业的生存和发展。有了良好的形象,企业就能够迅速取得与消费者进行沟通的机会,进而赢得他们的信赖和认同。在变幻莫测的竞争中,良好的形象可以使企业从容应战、摆脱困境。相反,形象低劣的企业在市场中则几乎寸步难行,在国际营销中尤其如此。海外消费者对企业的具体情况是陌生的,企业形象往往促成了他们先入为主的概念。事实上,一些公司跨国经营的成功,不仅取决于其雄厚的实力后盾,其良好的形象也是锐利武器之一。

许多公司运用CI系统成功地塑造了企业的形象。CI是"企业形象"的英文缩写,20世纪50年代产生于美国,后传入日本并与那里的文化环境相适应,不断被发展完善为三个层次。

1. 经营理念系统

居于核心地位的是经营理念系统,也就是以某种价值观念作为经营的最高准则和员工共同的精神信仰与行动指南。其在内部经营管理中的作用已广受重视,在营销中则有被忽略的倾向。

事实上,经营理念系统就是企业的内在形象,是企业的灵魂,正如心灵美好的人永远受人尊敬和信任一样,成功的经营理念系统是营销活动永不枯竭的内在动力源泉,可以为营销创造无可比拟的优越条件。毫无疑问,企业的经营理念应该是被消费者认可的。正如前文所述,世界上各国和地区消费者的文化价值观往往互不相同,企业不能在不同市场上表现出不同的经营理念,况且,理念一旦确定则不易改变。因此,跨国经营的企业所确立的经营理念,既应保持统一性,也应具有广泛的适应性。这必须借助于对人类核心文化价值观的研究。所谓人类的核心文化价值观,可以理解为处于支配地位且代表人类发展趋势的价值观念。比如说,中国在传统上就以仁、义、礼、智、信作为做人标准,同样,这些标准也可用来衡量企业,尽管企业经常要结合自身特点对这些价值观作必要的转换。应该强调,人类的核心价值观从形式上看是稳定的,但并非一成不变,新时代往往赋予它们以新内容。因此,经营理念实际上是抽象的,越能反映人类发展趋势的价值观越具有可塑性、兼容性。当理念转化为营销中的一两句口号时,更是如此。也只有如此,才能使其"以不变应万变"。

2. 行为识别系统

CI系统的第二个层次是行为识别系统,即通过企业的生产、销售以及服务等实际行动来塑造企业的形象。行为识别系统以经营理念系统为指导,是其具体化的过程。

理念是抽象的,行动却是具体的,两者的一致化过程必然受制于具体的文化环境。形式相同的价值观,不仅随时间也随着空间的变化而变化。这种差异通常可以从一国核心价值观的不同中得到解释。梁漱溟先生从哲学角度精辟地概括了三种核心价值观:西方人的意欲向前、中国人的居身求和及印度人的反身向后。世界上多数国家和地区的核心价值观可以用三者来概括,尽管多数时候它们居于三者之间。因此,同样的行动并不能导致相同的理解,而相同的经营理念需要不同的行动加以说明。不难理解IBM公司在美国和中国市场上营销的差异,撇开其他因素,从文化角度看,IBM在美国强调服务的效率,而在中国则更致力于营销渠道的完善和与中间商的良好合作。

拓展知识

企业的行为识别是它的立身之本

企业行为识别是指企业在内部协调和对外交往中应该有一种规范性准则。这种准则具体体现在全体员工上下一致的日常行为中。也就是说，员工们一招一式的行为举动都应该是一种企业行为，能反映出企业的经营理念和价值取向。

在对外交往方面，企业的整体行为是它的立身之本。在日本有一家电器商场，顾客购买了一台吸尘器，回家后发现是坏的，立即打电话给这家电器商场。不一会儿，商场经理就驱车赶来，一进门就恭喜顾客中了奖，并解释说，本店准备了一台不良吸尘器，是专为顾客中奖预备的。同时奖励一台优质的吸尘器到顾客的手中，使坏事变成了皆大欢喜的好事。此事广为流传，商场的这一行为反映出这家商场的经营理念就是为顾客着想，而不是首先想到自己要有麻烦和损失。同时，这一行为所产生的美誉效果，或许是任何广告宣传都不一定能达到的。

行为识别是企业CI系统中的"做法"，是将企业理念诉诸计划的行为方式，在管理培训、行为规范、公共关系、营销活动、公益事业等行为活动中表现出来，是对内对外传播组织所贯彻的理念。

具体说来，行为识别因素可以分为对内和对外两个方面的内容，在具体CI策划方案中，行为识别系统的主要内容体现在可操作性强的《员工手册》中。

3．视觉识别系统

CI系统的第三层次是视觉识别系统，就是以企业的产品牌号、广告等塑造企业的形象。

视觉识别系统致力于企业外表的完善，最高境界是"表里如一"。成功的视觉识别系统不仅可以使消费者对企业形象的认识固定在符号认定上，从而方便购买，而且可以创造性地强化前述两个系统所塑造的企业形象。完善视觉识别系统的困难来自语言、美学方面的国别差异。多数跨国公司以某一比较抽象的符号作为企业形象的统一标志，而在不同市场上则顾及差异性。以大众汽车公司的牌号为例，其产品在全球市场上以Volkswagon统一命名，但小轿车在欧洲大陆用Golf(高尔夫)命名以示显贵，在美国则以Babbit(野兔)表示轻松自然。文化环境确实在变，而审美心理又几乎总是摇摆不定。企业可以使产品多样化以适应这些变化，也可以用新的广告形式来跟踪消费者不断变换的口味。的确，成功的视觉识别系统甚至能创造出某种需求。

可见，CI系统实际上是以企业的"人格化"过程来塑造企业的形象。只有借助于文化环境的分析，才能完整深刻地认识CI，才能使CI取得成功。当然，成功的企业形象使企业的经营战略有了稳固的基石。

第六节　数字信息时代CI的新发展

一、数字信息时代的背景分析

伴随技术日新月异的变化和发展，我们欣喜地迎来了数字信息时代。数字信息技术的普遍应用所带来的革命就像一场暴风雨，迅速席卷了全世界。

进入20世纪90年代以来，先进的计算机技术不仅解决了文字数字化的难题，而且征服了比文字更复杂的声音世界。如今，用于表现和记录人类物质和精神世界的数字、语言、文字、声音、图画和影像等过去相互之间界限分明的各种信息传播方式，都可以用计算机的二进制语言进行数字化处理，从而可以浑然一体，相互转换。

第四大众传媒互联网和第五大众传媒手机间点对点的信息传播使得报纸、广播、电视和书籍、杂志、电影等传统大众传播媒介在形式之间的差异正在缩小或消失；交互式传媒体的出现，使得传播者与受众之间传统的相互关系面临着巨大变化。人类进入了真正的信息时代。而新媒体的诞生，新技术的运用使得企业的形象设计发生了新的改变。

二、企业形象设计的新空间和领域

新技术的应用、新媒体的不断推陈出新，必然造成企业形象识别系统领域的拓展。这包括以下五个方面。

（一）CI不再是大型企业或者传统行业的特权

现代的CI已经遍及社会生活的各个领域，如城市形象设计、栏目包装、影视行业等。尤其是近几年央视和各省市电视台纷纷打造特色形象，频繁推出特色栏目，通过电视台的整体策划和这些栏目的包装，有效地提高了电视台的收视率。比如，湖南卫视成功的形象包装和有效地利用媒体资源打造了收视神话，也缔造了"超女"平民造星的神话。

（二）新技术的运用使得CI体系发生改变并得以拓展

以往我们公认的对于CI的划分是MI(理念识别)、BI(行为识别)、VI(视觉识别)。但随着数字信息技术的发展和数码媒体的兴起和普遍应用，人们获取信息的途径已不仅仅局限于平面媒体、纸质媒体，这必然导致原有CI构成体系的变化。

CI不仅应该包括MI、BI和VI，还应该包括AI(声音识别)和DCI(网络识别)，只是有些人认为AI和DCI包含于VI之中，而有些人则认为它们应当独立出来自成一个系统。但无论怎样划分，我们都不难看出在企业形象设计中二维世界一统天下的局面已经成为历史，企业形象在网络中必然以网络所能提供的特有形式传播，将动画、声音、形象、文字等统一于一体，不断地开拓三维、四维甚至多维的设计空间和传播空间。

（三）数字技术的发展开拓了具有数字化特质的视觉系统

在企业的形象设计系统中，作为设计人员，关注的核心是企业的视觉化系统。下面以视觉系统为例，论述数字化技术对企业形象设计中视觉系统的深远影响。

1. 独特的数字设计语言导致了设计的重构

数字技术中独特的数字设计语言使视觉传达系统经历了深刻的变化,并导致了设计语言的重构。以标志为例,我们可以看到近两年,许多国际知名企业在宣传和推广时都会使用一个动态的标志延展。2000年汉诺威世博会标志的诞生,在设计界引起了强烈反响。这个被称为"会呼吸的标志",是能够根据不同场合改变结构和色彩的波纹图形,在整体情况不变的条件下呈现出不同的运动状态。由著名设计师组成的国际评审组织在评价中指出,这个外观看似生物结构的造型是在设计领域技术运用手段变化的重要标志。它让我们惊讶、激动,继而赞叹。这一设计理念给人们提供了一个全新的视角去欣赏标志,或者说,赋予了标志又一全新的生命。

与汉诺威标志类似的动态标志还有互联网上最强大的搜索引擎——Google的标志,标志能随着搜索页数的变化而变化,随着季节场合的变化而变化。设计师设计了前所未有的并可以带来视听震撼的标志,这种生动活泼的标志,更有表现力和说服力,同时也更加有效地将企业的精神传递给大众。只要技术可以实现,在未来,声音、气味、质感(触觉)都有可能成为一种标志性的识别,运用到企业形象设计当中,使人的各种感官都能深深地感受,而不仅仅靠视觉来识别。

2. 具有数字化特质的企业形象

随着数字技术的发展,在企业形象领域的发展也从不同的方面体现了其数字化的进程,并一度在设计领域引发了关于企业形象再设计的思考,从而出现了具有数字化特质的企业形象。一方面,随着数字信息时代的发展,要求我们的企业形象更加贴合时代的要求;另一方面,数字化技术又为企业具备数字化特质提供了可能。

从普遍意义上看,一成不变的形象不能适应当今迅速发展的社会需求。在企业更换形象的背后,起作用的实际上是整个社会向数字化发展的大趋势。因此,新形象较以往的形象有更强的时代感,符合现代人的审美,这些新的形象也从侧面体现了数字化企业形象的特点。比如,AT&T(美国电话电报公司)被SBC(西南贝尔)公司收购后,标志改变了。标志从平面到立体的转变,从表现形式上显示了具有数字化特点的形象与传统企业形象的不同。

值得一提的是由数字技术的发展而诞生的新兴产业——IT产业,是数字信息技术的直接受益者,它的发展速度之快是传统行业望尘莫及的。它们的形象也体现着科技和进步的力量,彰显着某些数字化的特点。

信息数字时代的到来,使信息行业获得了飞速发展的机会。现代科技企业的兴起要求企业的形象设计在风格上一定要打破原有的局限,体现高科技的独特魅力,从而为这种企业设计风格的产生提供了客观条件;而先进的制图技术使绘制更为精美的标志成为可能,为其提供了主观条件。企业形象的设定不但应该体现出公司的朝气和不断的进取心,体现出企业自身的公司理念,而且还必须能把本品牌和市场上的其他商标区分开来。这才是具有数字化企业的特质。

3. 数字技术的发展促进了新的设计风格的形成

近年来比较流行的像素风格设计、波普风格的设计(或叫后波普风格)等也都逐渐渗透到企业形象设计当中,其共同特点是:它们的媒介是基于计算机技术的,并且在视觉感受上呈现出很强的图形符号化,具有新生代的特色。

(四) 技术发挥了调和作用并使设计更符合人的需求

技术并非如人们想象的那样像钢铁或者水泥似的,理性而古板;相反,技术的日新月异为人们生活得更为舒适提供了可能,也为实现人性化的设计创造了条件,而这也正体现了科技的人文关怀。随着时代的更迭,人们对生活理解的变化,需求层次的上升,品牌获得人们认同的要素不断改变,每个品牌以不同的方式演绎着各自的形象化生存。

今后企业形象设计的发展倾向于更有亲和力,更贴近自然,在设计中应当秉持"以人为本"的设计理念,应当尊重人的感受,恢复人之为人最基本的感官感受和体验,抛弃那些过于苛刻、严格的界定和要求,使设计更加人性化,具有弹性和灵活性。设计原则则由以往的形式服从于功能转变为形式服从于情感。

(五) 新技术、新媒介的介入

新技术、新媒介的介入使企业形象及其品牌在推广和宣传的过程中可以借助更多的手段和方法,使传播更加快速有效。

较之传统的纸质媒体、广播媒体及电视媒体,基于数字信息技术和网络技术的网络媒体、移动网络媒体具有更强的传播能力和更高的传播效率,它使信息传播的范围和速度都产生了革命性及跨越式的发展,它强大的传递、沟通和分享信息的能力使人们冲破了时间和空间的界限。

科技的力量所带来的变化,是我们即使用最丰富的想象力也无法描述的。数字化企业形象的未来同样充满了未知的神秘色彩。但是我们必须意识到,数字化是当代社会发展不可逆的主导趋势,它引发了社会的发展模式、经济技术范式和生活方式等方面的深刻变革,也左右了人们精神文化领域的变化,企业形象的数字化进程同样也是不可逆转的。我们可以预见到,在不久的将来数字化企业形象必然在数字媒体传播的舞台上大放异彩。

1. 从CI发展来看,各国的CI有什么不同?
2. 中国的CI之路有什么特色?

鉴赏国外成功企业形象

1. 项目背景

为了进一步提高员工的设计水平,业务主管周晓建议,让小张、小王和小梁多接触一些好的设计作品，以增强他们的设计意识，提高设计能力。两位老总完全赞同。

2．项目任务

鉴赏国外成功企业形象的发展过程，分析其设计理念和特色。

通过对好作品的分析鉴赏，开阔眼界，丰富设计知识，增加对各种形式美感的认识，提高鉴赏水平和平面设计的综合素质。

3．项目分析

在网上搜索"国外经典企业形象解析"，认真仔细地观察其中的企业形象设计，对其中的色彩搭配、画面构图、创意思想等诸多方面进行分析鉴赏，并挑选出两幅自己最喜欢的设计作品来，写出自己对它诸多方面的鉴赏分析报告，以提高自己的鉴赏水平和设计能力。

4．参考网址

http://www.aoyi6.net

http://www.datangshijue.cn

第三章

企业形象理念的铸造

学习要点及目标

- 了解什么是企业形象理念。
- 了解什么是企业的价值观。
- 了解企业价值观怎样体现。
- 了解怎样树立企业的价值观和行为准则。

企业形象理念是指企业的指导思想或经营哲学,是企业倡导并形成的特有的经营宗旨、经营方针、企业价值观和企业精神的总称,是企业形象的核心内容。

企业形象理念规范并制约着企业及其员工的日常行为,对企业的生产经营和发展起着导向及指导作用。良好的企业理念可以在潜移默化中引导员工的观念和行为,激发员工士气,凝聚员工精神,从而推动企业发展。企业理念作为企业的灵魂和核心影响着企业的一切存在,支配着企业的一切行为;它虽然是无形的,但却无处不在。

企业形象理念体现出一个企业的使命和它的价值观,是企业发展的准则,也是企业发展、前进的必要条件。

引导案例

日本佳能Canon公司的企业MI构成

1. 目标
(1) 创造世界第一的产品,促进文化的提升。
(2) 创造理想的公司,追求永远的繁荣。

2. 社风
(1) 拥有自发、自觉、自治的三自精神。
(2) 以实力主义为格言,追求人才的效用。
(3) 互相信赖,促进了解,贯彻和谐的精神。
(4) 以健康与明朗的格言,促进人格的涵养。

如图3-1所示为日本佳能公司的MI构成。

图3-1 日本佳能公司的MI构成

第一节 企业使命

一、企业使命的两层含义

企业使命是企业行动的原动力,它含有两层意思:功利性和社会性。任何企业都将追求最大限度的利润作为其最基本的使命之一;同时作为社会构成中的细胞,企业必然对社会承担相应的责任,为社会的繁荣和发展完成应尽的义务。在现实中,企业要兼顾功利和社会责任,舍去任何一个,企业都将无法生存。因而,明确了企业使命,就明确了企业自身存在的意义,找到了企业存在的位置。

企业使命是企业经营者确定的企业生产经营的总方向、总目标、总特征和总的指导思想。企业使命是构成企业理念识别系统的最基础性的要素。

企业的使命实际上就是企业存在的原因或者理由,也就是企业生存的目的定位。不论这种原因或者理由是"提供某种产品或者服务",还是"满足某种需要"或者"承担某种不可或缺的责任",如果一个企业找不到合理的存在原因或者存在的原因连自己都不明确,或者连自己都不能有效说服,企业的经营问题就大了,也许可以说这个企业"已经没有存在的必要了"。就像人一样,经常问问自己"我为什么活着"的道理一样,企业的经营者们更应该对企业的使命了然于胸。

二、企业使命的定位

企业使命既是企业生产经营的哲学定位,也是一种经营观念。企业的使命为企业确立了一个经营的基本指导思想、原则、方向、经营哲学等,它不是企业具体的战略目标,而是抽象地存在,不一定表述为文字,但影响经营者的决策和思维。这中间包含了企业经营的哲学定位、价值观凸显以及企业的形象定位:经营的指导思想是什么,如何认识我们的事业,如何看待和评价市场、顾客、员工、伙伴和对手等。

企业使命是企业生产经营的形象定位。它反映了企业试图为自己树立的形象,诸如"我们是一个愿意承担责任的企业""我们是一个健康成长的企业""我们是一个在技术上卓有成就的企业"等。在明确的形象定位指导下,企业的经营活动就会始终向公众展示这一点,而不会"朝三暮四"。

企业使命是企业存在的目的和理由。明确企业的使命,就是要确定企业实现远景目标必须承担的责任或义务。

三、企业使命的重要性

20世纪20年代,AT&T的创始人提出"要让美国的每个家庭和每间办公室都安上电话";80年代,比尔·盖茨如法炮制:"让美国的每个家庭和每间办公室桌上都有一台PC。"今天AT&T和微软都基本完成了它们的使命。

企业使命足以影响一个企业的成败。彼得·德鲁克基金会主席、著名领导力大师弗兰西斯女士认为：一个强有力的组织必须要靠使命驱动。企业的使命不仅回答企业是做什么的，更重要的是为什么做，这也是企业终极意义的目标。

崇高、明确、富有感召力的企业使命不仅为企业指明了方向，而且使企业的每一位成员明确了工作的真正意义，激发出内心深处的动机。"让世界更加欢乐"的使命令迪士尼的员工对企业、对顾客，对社会倾注更多的热情和心血。

第二节　企业的价值观

对任何一个企业而言，只有当企业内绝大部分员工的个人价值观趋同时，整个企业的价值观才可能形成。与个人价值观主导人的行为一样，企业所信奉与推崇的价值观，是企业日常经营与管理行为的内在依据。

一、企业价值观的概念

企业价值观，是指企业在追求经营成功过程中所推崇的基本信念和奉行的目标。从哲学上说，价值观是关于对象对主体有用性的一种观念。而企业价值观是企业全体或多数员工一致赞同的关于企业意义的终极判断。

这里所说的价值是一种主观的、可选择的关系范畴。事物是否具有价值，不仅取决于它对什么人有意义，而且还取决于谁在做判断。不同的人很可能做出完全不同的判断。如一个把创新作为本位价值的企业，当利润、效率与创新发生矛盾时，它会自然地选择后者，使利润、效率让位。同样，另一些企业可能认为企业的价值在于致富，企业的价值在于利润，企业的价值在于服务，企业的价值在于育人。那么，这些企业的价值观分别可称为"致富价值观""利润价值观""服务价值观""育人价值观"。

简而言之，企业的价值观就是企业决策者对企业性质、目标、经营方式的取向所做出的选择，是为员工所接受的共同观念。

(1) 价值观是企业所有员工共同持有的，而不是一两个人所持有的。
(2) 企业价值观是支配员工精神的主要价值观。
(3) 企业价值观是长期积淀的产物，而不是突然产生的。
(4) 企业价值观是有意识培育的结果，而不是自发产生的。

二、企业文化的核心

价值观是企业文化的核心。菲利普·塞尔日利克说："一个组织的建立，是靠决策者对价值观念的执着，也就是决策者在决定企业的性质、特殊目标、经营方式和角色时所做的选择。通常这些价值观并没有形成文字，也可能不是有意形成的。不论如何，组织中的领导者，必须善于推动、保护这些价值，若是只注意守成，那是会失败的。总之，组织的生存，其实就是价值观的维系，以及大家对价值观的认同。"

实际上，企业文化是以价值观为核心的，价值观是把所有员工联系到一起的精神纽带；价值观是企业生存、发展的内在动力；价值观是企业行为规范制度的基础。

企业价值观是企业精神的灵魂，保证员工向统一目标前进。企业价值观的发展与完善是一项永无止境的工作。企业的各级管理人员要认真考虑究竟什么是企业最实际、最有效的价值观，然后不断地检讨和讨论，使这些价值观永葆活力。事实上，这样做有助于大家统一思想，步调一致，从而促进企业发展。企业的严厉作风和它强调的共有价值观，并非相互矛盾的事情，二者都来自相同的根源——企业必须掌握自己的命运。

三、价值观的重要性

无数例子证明，企业价值观建设的成败，决定着企业的生死存亡。因此，成功的企业都很注重企业价值观的建设，并要求员工自觉推崇与传播本企业的价值观。为了让员工了解企业的价值观，价值观应该用具体的语言表示出来，而不应该用抽象难懂、过于一般化的语言来表示。

例如，海尔公司把价值观表示为"真诚到永远"，IBM提出"最佳服务精神"，均把为顾客提供世界上第一流的服务作为最高的价值信念。同时，不同的企业，其价值观最好尽可能使用不同的语言来表示，避免雷同。要做到这一点虽然很难，但应努力去做，使所表现的价值观能够反映一个企业的基本特征，能够把一个企业的对内对外态度和另一个企业区别开来。

第三节 企业的离心力、向心力以及准则

一、离心力与向心力

企业形象的统一性与个性化是一个对立统一的矛盾体。CI设计的目的就是达到一种一致性，一种视觉上的统一性。但是我们说的形象统一，是指一种具有个性的形象统一。

企业理念是企业统一化的识别标志，但同时企业理念也要表明自己独特的个性，即突出与其他企业的差异性。这种差异性正是公众识别最重要的地方。企业理念在企业实际运营中的这种作用有人用"离心力"和"向心力"来形容。

向心力就是以企业理念作为一种基准，一切都服从并围绕着这个基准，我们称之为形象统一的向心力。就像地球总是围绕太阳转那样，有着相互关系和一定的轨迹。

又由于这是一种旋转的关系，因此也不免会出现一些远离基准的现象，在物理学中我们把这种现象称为一种离心力。这既是对向心力的一种补充，同时也是一种整体感和个别性方面的问题。在这种情况下，只要能把握住这种离心力，个别性就能给整体带来好的效益。因为离心力虽然开始背离轴心，但它确是一个新的动力。由此可见，过分地强调离心力时，将会失去整体形象的统一；可是过分地反对离心力，又将失去它的新生命力。

这个形象的比喻的确说出了企业理念的功能。向心力和离心力的作用虽然方向相反，但在整个企业中，它们像物理学中做圆周运动的物体那样，是相辅相成、缺一不可的。它们是同一事物的两个方面。

向心力和离心力的圆心就是企业理念，它包括了企业使命、经营思想和行为准则。对企

业内部而言，它通过企业使命和行为准则规范教育广大员工，使其产生一种团结、凝聚的向心力量。对企业外部而言，它又是以经营思想、指导方针为出发点对企业外界施以影响力。正是通过这种内向、外向的不同作用，企业理念的实际运作系统得以确立。

在这方面实际策划的处理上，励忠发先生在他的《CI设计的春天》一书中介绍了PAOS公司的做法。PAOS公司往往是分成几期来进行的，第一期，主要是抓住形象统一的向心力，解决基本要素和方向性方面的问题。第二期，才是所谓离心力的个性CI设计。也就是说，在形象方面有了明确的企业理念后，再通过各种个性的设计，就会产生出CI的新效果。这既是一个形象的统一与个性方面的问题，同时也是一种统一性和多样性方面的关系问题。

二、企业的准则

企业和做人是一样的，所谓君子有所为有所不为。企业准则一般是指企业所有员工在其各自的工作岗位内应遵守的有关具体规定和制度，如服务公约、劳动纪律、工作守则、操作规程、考勤制度等。中国加入世贸组织给我国企业带来了前所未有的机遇与挑战，为了在国际竞争中立于不败之地，企业的当务之急是加强自身建设，特别是企业基础工作的建设，以强化内部管理和增进效益，而企业准则的建设则是重要项目之一。

第四节　企业的个性化

成功的企划必须要有个性，所谓企划的个性，就是指企划者依据自己的哲学信念和审美情趣，使设计的营销活动立意及表征区别于市场中其他的营销方案，用新颖独特的魅力吸引广大消费者，从而引起共鸣而获得支持。问题是对企业的策划人员来说，怎样才能使企划具有个性呢？

一、企划的个性化必须与内容统一

产品的核心效用是为了满足人们的需求，产品不同，满足的需求也不同。通常讲不同类的产品营销策划的差异性比较明显。例如，生产电视机和生产香皂的厂家绝不可能用相同的格调和视觉方式去做广告，更不可能用相同或类似的方案去促销产品。企划个性化的困难主要是针对同类产品而言的。

同类产品的企划要突出个性，不是在产品的核心效用上下功夫，而是在产品形式以及产品的广告设计上下功夫。企划人员在策划时，必须抓住这些基本内容，夸张并巧妙地突出一个或几个侧面，引起消费者的心理共鸣，留下深刻的产品印象。例如，台湾白兰香皂的广告策划就很好地说明了问题。

台湾白兰香皂初上市时，广告主国联工业公司委托国和传播公司进行广告策划。在当时的台湾市场，知名度很高的香皂已有快乐、樱桃、玛莉、天香、美琪等十多个品牌。而且每个品牌的市场占有率都没有超过15%。要进入这个市场，首先应确立拥有个性的企划。如应该用什么香味？应该做成怎样的形状？应该用何种款式包装？如何定一个适当的名称？品质如何？价格定为多少？

经过市场调研，最后决定在香味方面采用大多数消费者乐意接受的幽香的香味，配方力求单纯，因为复杂配方的香味让人闻后有沉闷感；在制成品形状上，决定采用枕头型，既别具一格，又易于捏在手中使用；包装品名方面，为求同许多同类产品陈列时有突出感，品名决定同产销多年的白兰洗衣粉统一，使用"白兰牌"，容易记忆又能关联性地增进好感；品质方面力求胜过同类产品(在台湾原料用得较高级者，货物税的等级也较高)；售价方面，在初期同其他品牌价格持平，以求争取更多消费者购买。

在广告方面，策划了五组广告系列性上市。第一则主题"我们不卖香水"，那么卖什么呢？香水之后出现的是一种新香皂，大家一笑之中注入了新产品的印象。第二则主题"我们不卖鸡蛋"，画面显示新产品制造原料中含有润肤的蛋白霜(其他产品没有)。第三则广告主题"你不在乎我的心，我们在乎"。即便用到薄薄一片，仍然很好用。第四则广告主题"不是吃的月饼"，画面表现消费者不要只想到购月饼当礼品，香皂也可以赠送亲友。第五则广告主题"钞票夹子"，买香皂附赠精巧钞票夹一个，刺激消费。由广告学来看，上述广告都是采用反诉求方式，每一则内容特别，基本突出扩大了产品各方面的个性。能刺激消费市场上扬。由于策划方案兼顾了产品的内在特质，形式力求别具一格，因此它对产品促销起到了巨大作用。

二、有生命的企划在于差异性

人类对差异性有先天的反应。不管多么杰出的企划，如果相同的东西连续多次出现之后，在感觉上就不会产生反应。因此，企划人员必须善于认识和判断差异，自觉地利用有意识差异来进行企划活动。

为了说明何为有意识地利用差异进行企划，我们仍以香皂产品为例。中外合资企业、上海联合利华厂生产的"力士"香皂，是一种质量上乘的高档香皂，价格定位偏高。厂家在大陆市场行销时，首先遇到的问题就是怎样策划广告。香皂的市场竞争激烈，各种品牌的广告不断地抢占权威媒介。为避免形式雷同，力士香皂力求不落俗套，并能紧扣消费者心理。广告设计制作是否成功，很大程度上要求策划者有意识地利用差异意识，引起消费者无意识记忆，凡是被消费者无意识记住的东西一定是非常感兴趣的东西。为此广告画面要尽量简单。为增强效果，"力士"广告邀请了国际著名影星娜塔莎·金斯基(Nastassja Kinski)出场，画面最后要道出一句话："我只用力士。"虽然只有五个字，瞬间的感召力量却十分强大。

力士广告策划的个性在于它成功地利用了广告心理学的暗示原理。娜塔莎·金斯基清纯迷人的形象，强化了消费者求美的心理，突出了力士香皂的高质量档次，增进了消费者对产品的信任感，同时也满足一些崇名心理的消费需求，从而扩大了产品销路。相反，之后国内其他香皂厂家也沿用"力士"广告的模式，虽然邀请了国内著名歌星、影星等做广告，但由于是雷同性策划，模仿的结果必然是企划效果不佳。

三、追求个性的企划必须有冒险意识

有位企划大师曾经说过：做企划工作的过程中，你如果能加进一些野性、冒险心和幽默感，就可以成为一流的企划者。那是因为这样做不仅呈现了强烈的个性，同时也造成了与其他企划的明显差异性。当然，要将野性和幽默纳入企划内容中，是需要自信和熟练的。若是凭空想象，随意造作，只会适得其反。

广东顺德华立实业有限公司在顺德区北滘镇投资2.8亿元(一期工程)兴建"国家星火科技城"就是一件典型的实例。三个民营公司替代政府行为兴办国家级星火科技样板城,不能不说是一件充满冒险行为的举措。1994年,作为公司总经理的张长立先生在构思这个方案时,大多数人都为之担忧,因为计划一旦失败即意味着努力经营近十年的心血皆付诸东流。但是,凭借多年在房地产和产业经营方面的经验,直觉告诉张长立先生,这不仅是一台大戏而且非常"有戏"。星火计划是国家的大政方针,实施十年来已取得辉煌的成就。

目前,全国星火计划的企业已达10万余家,产品年产值已近2000亿元。全国直接或间接从事星火计划技术的科技人员已逾百万。初级阶段的发展已告一段落,后十年星火计划战略发展的突破口在哪里呢?正因如此,张长立先生想到要在我国第一个国家星火产业示范镇顺德区北滘镇建立国家星火科技城,第一个国家星火科技大市场,第一座国家星火科技大厦。把这块基地作为星火大市场的神经中枢,依据先进的信息网络构架商品、信息、技术、人才、资源、投资等六大市场,以解决星火企业之所急。企划的个性带有一定冒险性,冒险阶段并非平常人所能领悟。但是不平凡的人总是有的。留洋归国、曾做过大学教授的北滘镇镇长周冠雄先生立即看到了这项策划的分量。作为一方政府,北滘镇为此项目划出了账号,划出了土地,立下了承诺。

企划一旦确立,就要实实在在地干下去。华立公司投资2000万元购买了紧挨广珠公路的8万多平方米的土地作为星火城的建设用地,同时在北京丰台高科技工业园投资兴建国家星火科技信息网络中心。一大批学士、硕士、博士加入这个冒险的创业行列。在六大市场中选择商品,以"联企促销"为突破口,一些省市二级站已经建成,商品促销网络已初步形成,投入不足一年,竟有30多亿元的物资进入商品网络数据库。愚公精神感动上天绝不仅仅是寓言。

1995年3月国家科委正式批复,同意顺德北滘镇科技城为"国家星火科技城",并同意筹办"中国星火信托投资公司",允许筹办"中国星火科技学院"。同时国家内贸部将全国8700亿元滞销产品委托星火联企促销中心入网运作促销。华立公司投资的总目标虽然还未达到,但是曙光已现,地产估价已由2000万元上升到1.3亿元,国内联网的七大商品联企促销中心的运作已进入良性循环。华立公司的业绩已得到国务院肯定。1996年3月1日在北京由国家科委主办的星火计划十周年总结大会上,与会企业只有两家,其中华立公司是其中之一,张长立总经理作为企业代表做了发言。

由这个案例我们可以看出,追求个性的企划有极大的风险。有位股票专家说过,风险大的事业,正是利润最高的事业。企划的风险越大,企划带来的超额利润也就越大。同时风险的超前性,使得企划总是以"第一"的面目出现,新颖别致。企划人员必须有丰富的经验,才能于风险之中游刃有余。

总之,成功的企划必须要有差异性,再好的模仿性企划都不会发出耀眼的光泽。企划的个性化必须同企划的内涵特质相统一,要因地而宜,因产品而宜,突出特色,强化个性。但是,追求个性往往会使企划充满风险。企划人员要游刃于风险,除了有风险意识,还要有丰富的经验。

第三章　企业形象理念的铸造

第五节　实例解析瑞士维特拉(Vitra)家具公司

20世纪，人类社会在各个方面都取得了巨大进步。科学技术的迅速发展，大规模制造的工业技术和艺术设计创新，造就了现代家具工业体系，使现代家具成为20世纪一道独特的风景线，领导着消费潮流，指引着生活时尚。现代高新科技成果的应用和全球信息高速公路的发展，更使"地球村"的特征日益凸显。现代家具设计与制造已经演变为全球性的商业贸易、文化艺术和设计的一种竞争。

在新经济时代，市场已国际化，家具产品的"国籍"概念逐渐淡化，而被具有巨大无形资产价值的著名品牌所替代，我们正生活在一个品牌的世界里。在短缺经济时期，我们只要生产出家具，就可以成功销售，但在家具生产能力大量过剩的今天，企业必须在经营文化理念、设计创新、高新技术应用、人力资源开发、产品市场开拓等方面狠下功夫，必须使家具产品能为消费者所接受，并培育成知名品牌，才能在激烈的全球竞争中立于不败之地。

西方现代家具工业在20世纪飞速发展并取得巨大成就的一个重要基础，就是在19世纪工业革命后，一大批现代家具公司的创建和发展，并逐步成长为拥有国际著名品牌的现代家具公司。与此同时，家具文化、家具设计也与公司同步发展。家具公司为职业设计师搭建了英雄施展才华的舞台，而设计师的创造又推动了家具公司的发展与进步，形成了设计师与家具公司互为支撑、共同发展的现代家具企业机制。这是西方现代家具企业高速发展、经久不衰的极其宝贵的成功经验，非常值得刚刚起步的中国现代家具企业学习和借鉴。"他山之石，可以攻玉"，我们可以看到：20世纪初期的奥地利托耐特兄弟家具公司开创了现代工业化大批量生产曲木家具的先河；第二次世界大战后美国两大家具设计制造集团公司——诺尔公司与米勒公司为美国现代家具在国际上的先进地位奠定了坚实基础；意大利卡西纳家具公司和青出于蓝而胜于蓝的后起之秀B＆B家具公司为意大利成为世界家具王国做出了巨大贡献。

20世纪40年代刚刚起步的瑞典"IKEA(宜家)"公司，在50年的创业历程中成为一个覆盖全球的家具王国，如今的宜家在全球29个国家拥有158家大型家具商场，5万余名员工及215家供货商，当年创业的17岁小青年瓦尔·卡帕拉德(Ingvar Kamprad)个人注册的小型邮寄家具公司，今天已成为全球最大的家具品牌公司。

当代北欧设计学派的旗帜，芬兰的库卡波罗(Kukkapuro)设计大师与1980年开始创业的阿旺特家具公司创造了设计师与家具公司珠联璧合的成功典范，使一个不到20年历史的个人小型公司成为北欧的高档现代办公家具的知名品牌。

瑞士的维特拉(Vitra)家具公司作为一个享誉欧洲的一流现代办公家具公司，在全球独树一帜地全面塑造公司形象，树立设计文化理念，建立了全世界第一个专业的现代家具设计博物馆，收藏了150年以来现代家具设计的经典作品近3800件，面向大众开放，并到全世界巡回展出，极大地推动了现代家具设计的发展。维特拉家具公司的整体厂房规划、建筑分别由全球数位建筑大师设计，成为现代家具工业建筑最高水平的象征。维特拉家具公司由当代最著名的家具设计大师设计产品，维特拉现代设计博物馆成为全世界设计专业人士心目中的"麦加"圣地；自从1989年开放以来，每年有3万多人前来参观、考察、学习和研究现代家具设计。维特拉家具已经成为当今全世界最具文化价值的、知名度最高的家具品牌。

从20世纪80年代以来，在欧洲现代家具的设计方面，几乎没有任何一家公司能比"维特拉"更为著名。在德国、法国、英国、意大利、北欧的任何一家著名家具商场、展览会、博物馆都能发现Vitra的著名品牌标志和印有20世纪100位家具设计大师经典作品的维特拉设计博物馆的海报。

一、维特拉家具公司发展简介

维特拉家具公司是一家瑞士家具公司，但新的维特拉公司和厂区实际在德国边境小镇魏尔市，紧靠德瑞边境，从瑞士巴塞尔市中心乘坐50路公共巴士往北行驶，就可以直达维特拉公司，但在途中已经跨出瑞士边境。

维特拉家具公司是1934年由瑞士人威利·费尔鲍姆(Willy Fehlbaum)创办的维特拉家具制造厂。在20世纪50年代中期，维特拉公司扩大家具制造领域，开始现代办公家具的设计与制造。一开始，他们就瞄准美国著名办公家具集团米勒公司(Herman Miller)的一流家具设计，并在1957年获得了米勒公司在欧洲的生产代理权，此后与米勒公司的著名家具设计大师查尔斯·伊姆斯(Charles Eames)夫妇、乔治·尼尔森(George Nelson)建立了密切的合作关系。从此，维特拉跻身国际一流办公家具设计制造之列。

1977年，威利·费尔鲍姆年迈退休，把公司交给他的儿子拉夫·费尔鲍姆(Rolf Fehlbaum)掌管。他继承父业，大展宏图，使维特拉公司走上了高速发展的快车道。拉夫·费尔鲍姆是一位献身于现代设计艺术，把企业发展与企业文化、艺术设计紧密相连的现代家具企业家，特别致力于全方位地构建公司的设计文化。

在与美国设计大师合作的基础上，公司进一步把这种合作扩展到欧洲其他国家，从全球发展的战略高度，又邀请了一批极具创新意识的前卫家具设计师为维特拉设计家具产品，使维特拉成为"先锋派"设计师的试验基地，索特萨斯(Sottsass)、潘顿(Panton)、阿拉达(Arad)、斯托克(Starck)等20世纪80年代以来的一大批设计大师加入了维特拉的产品设计部。如图3-2所示为维特拉家具公司的工厂、设计师团队及其作品。

通过与世界各国设计大师的合作，维特拉家具公司一跃成为欧洲著名家具公司，同时，许多设计大师在维特拉的设计实践，为维特拉留下了许多珍贵的第一手设计档案资料，包括众多设计大师的手稿、草图、模型，更重要的是维特拉同时积累、收藏了一大

(a) 维特拉家具公司的工厂

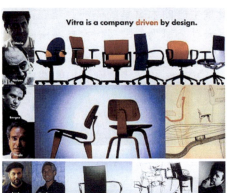

(b) 维特拉家具的设计团队及其作品

图3-2　维特拉家具公司工厂以及设计团队和作品

批家具实物作品。1988年，蕾·伊姆斯去世后，根据伊姆斯夫妇的遗愿，伊姆斯设计师事务所把他们生前所有的设计资料全都捐献给了维特拉家具公司。

1987年，拉夫·费尔鲍姆遇见了著名家具收藏家亚历山大·凡·威吉萨克(Alexander von Vegesak)，他收藏了一大批1880—1945年的经典家具设计作品，经过两人协商，决定把所有收藏合并，并初步决定在新厂区兴建一座现代家具设计博物馆来陈列、展示这些经典家具作品，将其打造成一个为促进现代设计发展而提供展示、学习、研究的机构。

二、维特拉家具公司的继续发展

1981年夏天，维特拉公司的厂房不幸遭受火灾，一场大火烧毁了大半个厂房，面对灾后的废墟，拉夫·费尔鲍姆毅然决定将旧厂房全部拆除重建，按照现代整体企业形象的思想，整体规划设计，重塑企业形象。英国著名的高新技术派建筑师尼古拉·格雷姆肖(Nicolas Grimishow)应邀担任总体规划建筑师，并设计了第一幢厂房建筑，在他的建议下，又分别邀请了一批在国际上享有盛誉的建筑师共同参与维特拉新厂区的重建设计，一时间，大师云集维特拉。日本现代建筑大师安藤(Tadao Ando)设计了会议中心，葡萄牙著名建筑师阿尔瓦络·西扎(Alvaro Siza)设计了新结构的主体大型厂房，国际建筑界著名的女建筑师哈迪得(Zaha M. Hadid)设计了表现速度和运动的消防站，其中一座最负盛名的标志性建筑——维特拉设计博物馆(Vitra Design Museum)是由来自美国的现代解构主义建筑大师弗兰克·盖利(Frank Gehry)设计的。这座白色的建筑就像跳跃的抽象几何组合雕塑，体现了极强的创造激情，动感十足，充满张力。

博物馆的内部空间设计互相渗透又彼此联系，有展览大厅、图书馆、办公室、工作作坊、库房等。建筑前面的绿茵草坪广场上矗立着由著名雕塑家奥登堡(Claes Oldenburg)创作的名为"均衡的工具(Balancing Tools)"的抽象雕塑(由铁锤、钳子、螺丝刀组成)，对进一步凸显维特拉家具的文化内涵起到画龙点睛的作用，整个维特拉新厂房成为一个当代建筑大师的作品博览会。因此，维特拉成为全世界建筑、家具专业人士心仪的朝圣地，同时Vitra也成为全球最具设计文化价值的著名家具品牌。如图3-3所示为维特拉公司外貌以及其设计作品。

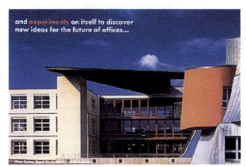
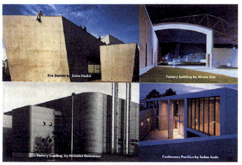

图3-3　维特拉家具公司

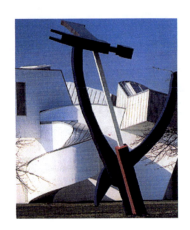

图3-3 维特拉家具公司(续)

三、维特拉家具公司的企业文化理念

(一) 维特拉是一个引领设计潮流的公司

维特拉公司从创建之日起就致力于现代家具设计的发展，两代企业掌门人都与国际上的设计大师建立了良好的合作伙伴关系。通过高品位的设计来发展家具生产，创造设计文化，塑造企业品牌，特别是小费尔鲍姆担任维特拉总裁后，更为一大批当代的先锋派设计师搭建了一个自由创造的设计舞台。

一方面，维特拉作为欧洲最著名的办公家具企业，用现代化工业技术大批量生产办公家具；另一方面，维特拉又以前瞻性的发展眼光，扶持、引导、鼓励前卫性的"先锋设计"，为明天和未来时代的家具设计新概念提供一个设计的"试验基地"。顿时，群星聚集，一大批当代著名设计师从世界各地来到维特拉，创造了一大批20世纪的经典作品，引领了现代家具设计的新潮流。如图3-4所示为其设计的试验基地和办公环境。

图3-4 维特拉试验基地和办公环境

(二) 维特拉是一个制造文化的公司

事实上，维特拉已经成为国际上高品质设计的同义词，设计已经是维特拉企业精神的重要组成部分。在这个基础上，维特拉公司的领导层高屋建瓴，不满足于仅仅是家具的设计、制造和销售，而是更深入地、全方位地构筑家具文化：大量收藏现代家具经典作品，创建全世界第一个现代家具设计博物馆、举办各种设计展览活动，并且组织到全世界各国巡回展览；同时大量收集整理家具设计大师的设计作品，对设计理论进行研究，出版了一系列20世纪现代大师的家具设计著作，为全世界的专家、学者提供学术研究的条件；面向大众开放，为少年儿童的设计学习活动提供工作作坊。

这一切都大大地超越了一个普通家具企业功能的限制，体现了一个现代企业家的博大胸怀和社会责任感，为当代家具的设计文化发展留下了值得载入史册的功绩。1995年维特拉公司凭借其成功的企业文化和综合的经营理念引导设计潮流而获得欧洲设计奖。如图3-5所示为维特拉公司的车间和部分设计作品。

图3-5　维特拉公司设计作品及车间一角

维特拉的企业文化与经营理念的成功案例非常值得中国当代家具企业去学习和借鉴。21世纪的中国家具工业在呼唤中国自己的设计大师、自己的家具品牌，也迫切地需要构建起中国自己的现代家具文化，这是我们要为之努力奋斗终生的目标。

1．为什么要树立正确的企业价值观？
2．企业的准则对企业有什么帮助？
3．企业的使命、价值观、准则有什么相似之处和不同之处？

设计"北京亚述教育科技公司"企业口号

1．项目背景

北京亚述教育科技公司是一家专业的青少年创新思维培养的教育培训机构。公司精心打造并推出集3D图形创意研究室与3D图形创意课程为一体的套餐，针对青少年创新思维的培养，主要围绕立体图形绘画、3D数字模型制作、3D模型输出、智能互动四个环节展开。公司以创新的精神、卓越的培训、完善的服务，为企业和青少年搭建金色桥梁。

2．项目任务

企业口号就是提倡一些振奋人心的话，让所有人都和你一起奋斗为整个企业做出最大的贡献。了解"北京亚述教育科技公司"企业的基本情况，结合公司的理念、经营属性等，设计出符合公司经营理念的公司口号。

3．项目分析

在网上搜索"北京亚述教育科技公司",认真了解、分析企业的经营理念,写出自己对它诸多方面的分析报告,针对公司提倡的创新精神和卓越服务,设计出符合企业发展要求的企业口号。

4．参考网址

http://www.yashu-edu.com/page/html/company.php

第四章

企业形象的战略策划

学习要点及目标

- 了解什么是企业形象战略。
- 了解企业形象战略的几种形式。
- 掌握企业形象战略的特征。
- 了解企业形象定位、企业名称、视觉结构传播等。

引导案例

企业CI之宁波摩尔顿有限公司企业形象策划

宁波摩尔顿有限公司的品牌理念是"温暖亲情，关注成长"，强调世间最真挚感人的母子亲情，以关注孩子幸福健康成长为己任，强力刻画出一家经营、生产婴儿制品公司的温暖、人性化的品牌形象。

标志英文字母MY巧妙结合，形成了一张和蔼可亲的女性脸形，如图4-1所示。简单的几笔弧线勾画出头发，刻画出了女性的母性特征，极富亲和力；同时也喻示了企业的名称与企业经营产品的特点：健康、科技与安全的完美结合。

标志造型独特，主题明确，人性化概念较强，富有亲和力和感染力，表现该企业的产品健康、质量安全，也表达了企业博大的爱心和胸怀。

公司的形象定位与发展战略目标密切相关。一个企业未来的发展目标，决定了企业的规模，同时决定了企业未来的实力形象。企业形象战略策划最重要的是要找准企业的形象定位，怎样去塑造公司形象，制定发展目标，企业的视觉结构和传播又将以什么样的方式来实现，这些都是需要考虑的因素。

那么企业形象战略的导入时机该如何确定和把握呢？需要哪些准备条件呢？

(a) 妈咪宝标志

图4-1 摩尔顿公司形象设计

(b) 妈咪宝名片　　　　　　　　　　(c) 妈咪宝手提袋

图4-1　摩尔顿公司形象设计(续)

第一节　企业形象的战略策划

CI无论怎样发展与变革，它始终围绕着一个理念核心在运动，即为企业解决问题，更明确地说是解决企业与社会、自然的关系问题；它所使用的工具就是塑造企业形象；它解决问题的方式就是不断变革，创造新的企业形象以改善和推进企业与社会、自然的关系状况，并以此推动社会发展，维护企业、社会、自然的动态平衡。因此，CI战略的根基始终是放在企业自身形象的设计与开发上。

一、形象定位

一个公司导入CI的重要目的是塑造公司的优良形象。但是，执行CI计划是要塑造一个什么样的公司形象呢？换言之，公司将如何给自己进行形象定位呢？这是CI策划中的一个关键问题。

（一）公司形象定位与发展战略目标

公司的形象定位与发展战略目标密切相关。一个企业未来的发展目标，决定了企业的规模，同时决定了企业未来的实力形象。比如，一家多元化行业发展的集团公司，那么它未来的形象定位应该是一家具有相当实力、多元化的集团公司形象。如图4-2所示为中国平安保险公司形象设计中的标志。

图4-2　中国平安保险公司企业形象的标志设计

（二）公司形象定位与事业领域

公司的形象定位同公司的事业领域确定密切相关。比如，一个生产经营化妆品的公司，那么它的形象定位应该是同它的主导产品形象相关联的，由此决定了公司形象的行业特征。如图4-3所示为雅丽丝化妆品公司的标志设计。

图4-3　雅丽丝化妆品公司标志

（三）公司形象定位与经营理念、社会价值

公司的形象定位同这一公司的经营理念、社会价值观相关。一个比较自我、观念封闭的企业，对自我的形象定位是以企业经济效益为核心来确定自我形象的；而一个比较关注四周环境、尽社会责任的企业，对自己的形象定位要考虑企业存在的社会价值倾向，而不能单独只考虑自身的利益，而忽略了环保、公益活动方面的应尽义务。如图4-4所示为羽友羽毛球俱乐部的标志。

图4-4　羽友羽毛球俱乐部标志

（四）企业形象标语和口号

企业形象标语和口号，是企业方针浓缩的感性表现形式，是将企业的内涵、服务的特色和公司的价值取向汇集一体，融会贯通，运用最精练的语言描述企业的形象，反映和呈现企业追求的价值观念。透过企业形象的标语和口号，可以向世人传达企业的精神理念。

企业形象标语口号的设计，必须体现企业的历史传统、经营特点和风格、企业理念、经营方针和企业文化，能在企业内部达成共识、认同，只有这样才能成为企业员工的行为指南，形成企业的价值观和企业文化，从而树立起鲜明的企业形象。

二、企业形象设计成功实例

金利来公司是由爱国人士曾宪梓先生在香港创立的一个经营领带、服饰、服装的公司。在它的经营理念里，秉承了"勤、俭、诚、信"的传统民族文化和处世哲学。因此，它的公司在形象塑造中，不断地捐助国内的教育、体育等社会文化，表现出一个"尽社会责任的现代企业形象"和"经营利润回馈社会的价值观"。

由此可见，准确的公司形象定位，决定着公司形象塑造的方向和结果。而公司的经营理念与价值观，则是决定着公司形象的思想文化内涵。如图4-5所示为金利来公司标志。

图4-5　金利来公司标志

广东科龙集团公司是一家以生产经营容声冰箱、科龙空调、三洋—科龙雪柜、华宝空调等家电类产品的上市公司。因此，它的形象定位是：一家在"科龙电器"统领下的多品牌制冷专业上市公司。如图4-6所示为科龙集团的标志。

图4-6　科龙集团标志

准确的公司形象定位，决定着公司未来的形象塑造方向，同时也决定着公司未来的发展方向与目标。这是CI策划中必须解决的关键问题。

三、企业名称的基本特点

企业名称即企业的名字，是用文字表现的识别要素，是一个企业的第一人称。任何一个企业从产生之日起，就像人一生下来一样，必须首先有一个名字，以区别于其他企业。在设计企业名称时，须考虑以下几个方面的因素。

（一）简短明快，具有鲜明的识别性

名字字数少，笔画少，易于和消费者进行信息交流，便于消费者记忆，同时还能引起大众的遐想，寓意更加丰富。名称字数的多少对认知程度是有一定影响的。字数越少认识程度越高，即名字越短越具有传播力，如海尔、爱华、长虹等。如图4-7所示分别为雅客、361°和美的公司的标志。

(a) 雅客食品公司标志

(b) 361°公司标志

(c) 美的公司标志

图4-7　雅客、361°、美的公司的标志

（二）符合企业理念和服务宗旨

企业名称应符合企业理念和服务宗旨，这样有助于企业形象的塑造。例如，中国银行标志，整体简洁流畅，极富时代感，标志内又包含了中国古钱，暗含天圆地方之意。中间一个巧妙的"中"字凸显中国银行的招牌。把中国传统文化的精髓，融入西方现代设计的理念中去。这种相融并不是简单相加，而是在对中国文化深刻理解基础上的融合。如图4-8所示为中国银行标志。

（三）具备自己的独特性

具有个性的企业名称可避免与其他企业的名称雷同，以防混淆大众记忆，并可加深大众对企业的印象。

例如，陕西博森股份集团的博森生物制药股份集团有限公司的Logo诠释：凤舞九天。凤是我国古代最为崇拜的两大图腾之一，与龙并称，它是吉祥幸福的象征。九，在中国古代是个神秘的数字，天高曰九重，比喻天穹高耸，进而比喻远大境界。

凤舞九天，任君翱翔——新时代的博森Logo，贵气中透出平和，平静里渗透着王者风范。貌似凤凰——彰显博森百鸟朝凤、润泽天下的尊贵风范；形若河流——比喻博森海纳百川、有容乃大的企业胸怀；神如风帆——展现博森与时俱进、扬帆远航的企业境界；态美如鸽——传播健康，歌颂盛景，期望人类的进步、世界的和谐，表露出博森人的历史使命。如图4-9所示为博森制药的标志。

图4-8　中国银行标志

图4-9　博森药业标志

四、企业名称要注意的因素

（一）要有冲击力、有气魄，给人以震撼

企业名称应具备不同凡响的气魄，具有冲击力、有气魄，给人以震撼。

例如，四通集团的四通，取自英文STONE同音，意为石头，象征着坚石不断向高新技术的尖端冲击。如图4-10所示为四通集团的标志设计。

图4-10　四通集团的标志

（二）企业名称要响亮，易于上口

如麦当劳和肯德基三字，响亮而又具有节奏感，因而极具传播力。企业名称如果比较拗口，节奏感不强，读起来不易于上口，那么也不利于传播，从而很难达到大众的共识。如图4-11所示为麦当劳和肯德基的标志。

(a) 麦当劳的标志

(b) 肯德基的标志

图4-11　麦当劳、肯德基的标志

（三）企业名称要富于吉祥色彩

例如，金利来远东有限公司的金利来原来叫金狮，因考虑到金狮在有些地方的方言表达时，有金输的含义，这是犯忌的不吉利的名称，因而将金狮(GOLDLION)改为金利来，寓意给人们带来滚滚财源。试想，这样的企业谁不喜欢，谁不乐意与之交往呢？如图4-12所示为金利来珠宝的标志。

图4-12　金利来珠宝的标志

（四）企业名称的选择要富有时代感

富有时代感的名称具有鲜明性，符合时代潮流，并能迅速为大众所接受，如深圳市酷开网络科技有限公司的理念是：一群好玩的人，做好玩的产品，吸引更多爱玩的人来加入，用好玩的气氛带动身边更多的家人朋友，一起加入酷开好玩的大家庭，并玩出态度。

（五）企业名称要考虑世界各地的通用性

可口可乐公司在20世纪20年代制定中国市场策略时，决定将该公司的名称CoCa-CoLa直译过去，于是翻译者将该名称发音相似的汉字进行排列组合，运用在饮料的包装上，当印有这些汉字的瓶装饮料出现在市场上时，竟极少有人问津。究其原因，原来翻译过来的汉字按字间理解是蜡制的母马紧咬蜡制品的蝌蚪的意思。

试想有这样名称的企业生产的饮料有谁会要呢？因而可口可乐公司重新设计名称，瓶上所注明汉字则改为口中快乐——可口可乐，如图4-13所示为可口可乐公司标志。

图4-13　可口可乐公司标志

总之，判断一个企业名称好坏，标准在于是否易于记忆，其形象是否鲜明，表达能力强否、独特性如何、传播方便与否等。企业名称应当是音、形、意的完美结合，以达到好看、好记、好印象的效果。

以往，许多企业在使用名称上常常采用多维方式，即企业名称与产品名称分离，不同产品又有不同的名称。这种方式虽然能使企业降低经营风险，然而也有许多不足之处。比如：增加了费用，如设计费、广告费、包装设计费；不利于消费者辨别，从而造成混乱；企业名称与品牌的不一致性，不利于企业形象的树立与传播。所以企业的名称尽量还是切合实际这样比较有效。

企业名称还必须体现并有利于创造企业的独特个性。企业名称是企业个性的文字表现，它不仅对企业经营活动以及员工的纪律和士气产生深远的影响，而且对树立企业独特形象具有重要意义。当人们第一次听说或第一次看到某一企业时，首先接收到的即是企业名称，并通过这一名称在脑海中形成第一印象。良好的企业名称会直接给人一种耳目一新、过目不忘的感觉。

因而，一个注意自己企业形象的企业家，必须重视企业名称的作用，不能简单地在某产品或某行业的前面冠以地域名，使企业失去特色、失去个性。目前，不管在中国还是在国际上，企业存在一种企业名称与产品品牌名称合二为一的趋势，这对企业整体形象的树立不无好处。

五、企业视觉结构与传播

企业的视觉识别结构是企业机制对外界的一种展示，通过企业各种视觉要素之间的关系和组成情况，表现企业的内部关系和组织形态。总的来看，企业的视觉结构有以下三种基本类型。

（一）一元化视觉结构

一元化视觉结构是指企业使用统一的名称、统一的标志、统一的商标，适用于新建立的企业或经营范围较单一的企业。集中统一的视觉结构不仅容易识别，而且有利于企业宣传及推广。英国的零售业和日本的许多企业都是通过一元化视觉结构统一的视觉形象，更有力的宣传战略使企业具有很高的知名度和广泛的市场。

但一元化对获得较大市场份额、产品市场形象也有不利之处甚至会面对更大风险。一旦某个环节出现问题就可能影响整个企业的命运。

日本雅马哈就是典型的一元化视觉结构，从钢琴、电声乐器、网球拍到划艇等娱乐性产品应有尽有。其采用一元化视觉结构基于这样的想法：雅马哈是生产多种休闲产品的企业，雅马哈和所属公司的优势应是能提供的每一个产品和服务都具有同样的保障，并以建立商标识别开始在这个基础上让公司得到自然的发展。如图4-14所示为雅马哈公司的标志。

图4-14　雅马哈公司标志

这样实现了经济的传播，形成了强烈的凝聚力和方向感，但压力风险也越来越大，其之所以能成功在于强有力的管理和监督机制，企业较高的文化素养和较好的迎战能力。

（二）商标视觉结构

一个企业拥有多个商标进而对一系列毫不相关的产品商标进行经营就是商标视觉结构。这种类型适用于生产经营日用品的公司、食品公司或是服装鞋帽百货用品公司等。如宝洁公司，下属品牌有：飘柔、海飞丝等多个品牌。如图4-15所示为宝洁公司下属品牌形象设计。

图4-15　飘柔、海飞丝洗发液

企业应用这种商标优势分割市场以争取最大限度的市场份额并避免了因具体产品的失败而影响整个企业的形象。但商标视觉结构的企业传播不利于新产品推出，没有良好同一而集中的企业形象，广告宣传各自为政，宣传不经济。

（三）多元化视觉结构

多元化的视觉结构常见于多种经营的股份制企业和企业集团公司，一般有多个分公司或多个联合企业，各分支机构有自己的经营范围并以各种形式为总公司负责。

企业的多元化视觉结构是以各分支机构具有独立的名称和商标为特点，分支机构有自己的产品和市场，独立经营又以各种方式对总公司负责，所以传播复杂、难以形成统一的企业形象。

六、企业形象战略策划案例

日本TDK集团在20世纪60年代末，因经营不善所形成的高负债导致企业陷于困境。1969年，索野总经理上任后，对企业形象进行了一系列策划，公司素质逐步得到提高，经营开始出现高速增长势头。特别是1976年至1981年5年间，TDK的净销售额由911亿日元增至2700亿日元，2007年销售额达到8620亿日元。如图4-16所示为日本TDK集团标志。

图4-16　TDK集团标志

（一）TDK的成功策略

1．突出技术性能

突出产品技术性能，抓龙头，以乘积效用来带动整体产品结构的良性发育。TDK在企业技术储备和研究开发上狠下工夫，把技术分为肯定性技术、否定性技术和本公司特有技术。TDK公司雇用最优秀的技术人员进行技术开发和改造。公司规定，TDK发售的产品在市场中不允许超过3年，产品应不断更新。

为了确保市场，公司要求世界各地销售人员每天必须搜集当地产品信息反馈给总部，以便调整生产，适应市场。在产品结构中，狠抓录音带和录像带，以铁氧体技术以及由铁氧体派生的烧结技术为中心，开展多角化经营。铁氧体和磁铁占总销售的1/4，电子设备的零部件及陶瓷零部件各占1/8，磁带销售量5年间从263亿日元增加到1343亿日元，增加5倍多。TDK在当今已成为录像带、录音带的高质量象征。

2．重视人员培训并积极引进人才

TDK对事业部人员实行定期考核和培训。在用人上，公司一贯倡导能力主义，以目标管理、个人申报、人事考核一体化的自我管理制度取代以资历和学历看人的做法，以此作为人事管理的根本。新职员必须经过3年的企业内部培训，实行"一个萝卜一个坑，不许一人掉队"的育人目标，对管理人员采用"中途录用"原则。由于公司是战后发展起来的企业，事业部长级、科长级干部40%是从其他公司引进的人才。不同企业工作的经验各异，思考问题角度也不同，汇在一起，使TDK的经营风格别具一格，思维敏捷、锐意改革促进了公司的发展。

3．注重品牌标志

宣传标志、突出品牌，积极行销。品牌如同一个人的名字一样，必须便于消费者识记。如果公司的名称念起来拗口，就不利于消费者记忆。为了突出公司视觉识别，要有企业标志设计，经过调研，最后以TDK作为公司标志。

标志凝聚了许多无法用文字和语言表达的意义和内容，让人记忆深刻。公司广告和公司宣传、社会赞助、体育事业助办等活动，皆以TDK出现。公司声誉有了提高，加上重视产品质量和技术，TDK销售市场拓展很快。5年间，TDK国外销售额平均增长率为33%，国内达到20%，TDK成为世界录音、录像带业的销售之王。

4．挖掘内涵潜力

实行导向开发的组织结构，挖掘内涵潜力。TDK实行事业部组织结构，将事业部细分为"下一期事业部""未来事业部""现有事业部"三个部分。现有事业部主要承担企业目前的生产和盈利，未来事业部主要研究集团公司未来命运的开发工作，形成战略决策后，由下一期事业部逐步完成。

为了鼓励员工树立远大志向，带有自豪感工作，公司不断改革组织制度以及大规模地持续进行岗位轮换，使公司经常处于蓬勃向上的状态。为了创立一种文化氛围，TDK生产工厂环境要求像花园一样美丽，每天给员工一个清新悦目的感觉，让员工以愉快的心情在优美的环境中工作。这样员工的积极性才能得到更好地发挥。

由上述案例我们可以得出以下基本结论：企业形象是企业营销中的重要组成部分。良好的企业形象不仅可以赢得公众的信任，而且能激励员工士气，形成良好的工作气氛。良好的企业形象不仅有利于企业招募人才，保留人才，而且有利于企业形成精益求精、奋发向上、追求效率的企业精神。另外，良好的企业形象不仅能增强投资者的好感和信心，容易筹集资金,而且它还能扩大企业知名度,扩大广告宣传效果与说服力,巩固企业基础,使企业营业销售大幅度提升,扩大企业的市场占有率。

(二)突出企业的社会公众形象

对企业形象进行策划首先应该明确企业形象的基本内涵。尽管人们对企业形象的理解存在很大差异,我们认为,所谓企业形象就是指企业文化的综合反映和外部表现,是企业通过自己的行为、产品、服务在社会公众心目中绘制的图景和造型,是公众以其直观感受对企业做出的全部看法和评价。

企业形象的策划是一种创造性活动,无论是创意的手段,还是创意的主题表现,都带有极强的个性。但是,从一般角度讲,企划人员对企业形象进行策划时,应从以下几个方面突出企业在社会公众心目中的形象。

1．突出环境形象

企业形象策划应突出环境形象。优美舒适的环境,会使人奋发向上、勇于进取,使企业员工产生一种对企业的热爱及为企业效尽全力的信念。对外部公众来讲,优美的环境会给企业社区公众留下良好印象,尤其是商业企业,高雅的装潢、舒适的购物环境,不仅影响到消费者对商店的光顾率,而且还影响到消费者的购物信心。

2．突出人的形象

企业形象策划应突出人的形象。企业经营的好坏与经营管理者个体形象关系极大。平庸的管理者可以使兴盛的企业走向衰落,而优秀的管理者可以使濒临倒闭的企业起死回生。良好的管理者形象可以增加企业的凝聚力,提高员工的积极性。所谓企业管理者的形象是指企业中管理集团特别是最高层领导的能力、素质、魄力、气度和经营业绩给员工及企业同行、社会公众留下的印象。企业人员形象策划还应包括员工形象。所谓员工形象表现为企业员工的技术素质、文化水平、职业道德和仪表装束等。员工是企业的劳动主体,员工形象直接决定商品形象,决定企业形象。

3．突出产品形象

企业形象策划应突出产品形象。产品形象的优劣直接决定着企业形象乃至整个企业的命运。产品形象可以表现在许多方面,但是,集中地讲它主要表现在产品的质量、性能、商标、造型、包装、名称等在消费者和社会公众心目中的形象。从营销实践来看,西方发达国家的企业无不重视产品形象。从产品命名、款式的选择、色彩的搭配等方面,事先都通过大量市场调研,在广泛征求社会公众的意见后,对产品进行定位。

4．突出服务形象

企业形象策划应突出服务形象。20世纪80年代后期以来,发达国家企业兴起了服务营销,优质服务是树立良好企业形象的保证。当今市场竞争激烈,在吸引顾客,超过同行竞争中,服务竞争已越来越被摆在突出的地位上。

5．突出企业识别

企划人员在企业形象策划中还必须突出企业识别。换句话说，就是企划人员用市场竞争的一切设计，采取独立性和统一视觉形象，通过广告及其他媒体加以扩散，有意识地造成个性化的视觉效果，以便更好地唤起公众的注意，从而使企业知名度不断提高。所谓统一性，就是要确定统一的标志、标准字、标准色，并将它贯穿于企业建筑物的设计、职业装、包装等方面。识别还要讲究独立性，企业形象的塑造必须要有区别于其他行业的不同的独立个性，只有使大众能在感觉上去感受本企业及本企业与其他企业的不同，通过企业之间的明显差异，才能形成对企业特性的强烈印象。

总之，企业形象在市场竞争中的独特作用，已引起了企业家注目。在企业文化出现多样化的今天，企业只有转变经营观念，用深层次的文化竞争去抢占制高点，才能在市场竞争中居于有利地位。企业形象竞争已成为企业竞争策略中的最为重要的部分。

第二节　CI战略导入契机

一、引进CI战略的基本态度

CI的真正精神，就是激励企业全体员工和确立经营理念、方针与策略，透过企业的行为与活动特性，充分展现企业的精神与文化。同时，配合整体的视觉与传达系统，以企业特性与魅力塑造出企业新形象。因此，引进CI战略必须建立共识，并考虑到适应性。

好的开始是成功的一半。对引进CI战略的企业而言，在行动之前，经营者和相关人员及广大员工要建立共识。许多引进CI战略失败的企业多半是由于经营者和推出CI计划的相关人员对CI存有不同的观念和期望所致。为此，经营者和相关人员，必须达成以下三个基本共识。

(1) CI应该和企业技术本质产生同一性、统一性的意义，因为它与企业经营理念、企业形象的塑造具有密切的关系。

(2) CI是一种塑造良好企业形象的战略，对于企业向外界扩展活动将有所收获。

(3) CI和产品识别、品牌识别，尤其和视觉设计的标准化、统一系统的开发有密切的关系。

同时，企业形象并不是一朝一夕就能塑造出来的，它需要长时间的积累与培育。加上每个企业的组织结构、经营观点和方针、竞争策略、行销手法都不尽相同，所引进CI的模式、方法自然会有所差异。因此，我们不能忽视CI的适应性问题。另外，我们必须先深入了解企业最终的目标与需求，再配合企业内外环境，适时导入。

二、CI战略所解决的问题

CI战略是企业经营战略的一个重要组成部分。作为塑造形象的系统工程，围绕着企业的形象设计，CI所能解决的问题，可以大致归纳为以下几类。

(一) 企业名称与企业的形象不符

通过CI设计，使产品的名牌和企业名称达到统一。现在有些企业为了扩大自己的事业而改名称、搞CI设计的很多，但也有为了巩固自己的名牌，从名牌的角度提高企业的知名度，从而产生一种名牌效应。

(二) 企业名称陈旧老化

企业名称陈旧老化，易被误解误认。为了改变这种状况，导入CI设计会给企业带来一种新的活力。时代是在不断发展变化着的，这个阶段时髦的、流行的东西，到了另一个新阶段，就可能成为落后的、过时的东西。尤其是一些企业的名称和字号，往往带着所处特定环境下的烙印，随着时代变迁，这些标志已经成了过去的象征，企业的那些老的经营管理方法也已经不再适用了。

(三) 企业形象不好，没有凝聚力和竞争力

为了避免企业原有的不良影响，以及不使自己处于被动局面，在企业形象的竞争中导入CI。

(四) 旧企业形象成为打入新市场的障碍

由于经营者的变更和经营战线的改变，使旧有的企业形象成为进入新市场的一个障碍，为此企业需要重打鼓另开张，这也是从导入CI开始的。

(1) 与其他公司合并，必须重新塑造企业形象。
(2) 企业的形象变更。
(3) 新产品的推出纪念。
(4) 事业的延伸和扩展。
(5) 增强企业自身的竞争能力。
(6) 打入国际市场。

当企业在国内获得成功或者开始参加国际市场的竞争时，是导入CI设计难得的良机。打入国际市场不应看作是仅有几张外商的订单或者有几种产品在国外长年畅销，而是一种国际化的意识，有意识地要创造国际名牌，要成为一家跨国公司的时候是最需要统一企业形象的。

三、导入CI战略的准备条件

导入CI可以创造企业无形资产和品牌附加值。因此，一些企业已经尝试以CI这一经营利器获得市场的优势。CI是一项复杂的系统工程，它的重点是要创造企业个性。导入CI是企业意识的改革，是体制的改善，是设计的延续和升华。如果把CI仅仅局限在识别系统，则是一个危险的误区。同时，CI战略的导入并非每个企业都可行，它有明确的条件限制和前提。为此，企业导入CI战略，必须做好以下工作。

(一) 增强企业的CI意识

企业要建立自己的企业形象，必须增强企业的CI意识。当前CI导入的步履维艰，其原因有以下几种。

第四章　企业形象的战略策划

1．CI与现代市场经济发展息息相关

中国大多数国有企业体制转型刚刚开始，一段时间内尚难大规模、自由进入市场，还不具备CI要求；在市场经济大潮中，应运而生的中小企业尚处于初期积累阶段，多用广告推销产品，以求更多利润，也不具有CI需求。中国市场经济处于起步阶段，企业导入CI尚属少数，仍需要大力宣传启动。

2．束缚于旧体制观念，缺乏创造企业形象差别的CI意识

在计划经济体制下，许多企业冠以数字编号，企业形象无从谈起；同时各企业的产品同一，差别不大。很多产品冠以清一色的名称，优秀产品创不出牌子，这种旧习惯意识，有待市场经济的竞争冲击。

3．束缚于国内市场，缺乏国际化经营观念

企业长期处于闭锁状态，难以自由进入国际市场经营。

4．盲目导入CI

认为CI是解决一切问题的灵丹妙药，有些企业视CI为点金之笔，不顾自身经营管理状况，盲目导入CI，并有意加以拔高，认为只要导入CI，便可坐享其成。事实上，CI的导入本身就是一个长期综合积累的过程，需要长期投资，不断完善。并且，CI的目标是帮助企业建立显著易认的识别性，不能代替产品开发、生产管理、销售服务等。况且CI的建立有着自己独特的作用范围，并不是所有企业都适用。

5．CI专业人员匮乏，形象设计策划公司水准不高

CI战略的实施是一项综合的系统工程，除了主要依靠企业内部的力量外，其策划和实施必须借助于专业的力量来配合。然而，目前CI专业人员远远满足不了需求，即使已经从事CI的人员，也都没有经过专业理论的系统教育，大多是从搞工艺设计、美术设计、广告策划转移过来的。就目前的CI策划制作公司而言，够档次的不多。因此，策划出来的方案可操作性较差。

（二）找寻经济发展现状与CI战略的结合点

我国企业导入CI战略，就要努力创造中国模式的CI。

(1) 以现代经济观念统一企业整体形象战略。企业观念、目标、管理、战略等企业"灵魂"，要立足于"现代市场经济与国际经贸一体化"的新观念，重新塑造企业形象，唯有"灵魂"与外在形象统一化，CI才能成功。这里的关键在于研究与掌握现代世界经济观念，并将其渗透于企业整体形象，从而使企业组织的各个方面，从深层的企业理念到浅层的企业标志都发生积极性的改变，在市场竞争中树立崭新的企业形象。

(2) 企业CI以获得社会心理的认同支持、顺应时代潮流为立足点。随着消费者生活水平和审美能力的提高，人们对商品的品牌、美观更加注重。特别是世界正在走向信息社会时代，人们在享受着现代文明的同时消费观念也由原来的"理性消费"转为"感性消费"，即消费者购物时注重的不仅是商品质量，而且要以自己的感觉做出选择判断。企业市场营销CI设

计，应根据社会成熟的心理需求和价值导向作新的调整，以迎合消费者的这种变化。否则的话，必将被市场所淘汰。

(3) 企业CI以民族为导向，创造世界名牌。企业CI设计的民族导向是取之不尽的源泉。对于企业在经营中树立民族特色，创造世界名牌具有重大意义，因为企业形象民族文化和国际化潮流是统一的。我国在世界市场上树立企业形象，创世界名牌，最有效的长期战略就是汲取民族文化精神并将其与时代的先进经营管理相结合。

四、CI战略的独特性

CI战略的独特性首先表现为CI战略具有形象性。它是以完善企业在公众心目中的形象为己任，在进行形象统一的设计时，肯定要进行各种各样的调整，如更改公司名称或重新设计标志等。这样会不会反而削弱原有的企业形象呢？这是一个很重要的问题。因此，在这样的设计之前一定要进行周密细致的调查和研究，找出哪些是企业好的形象，是应该保留和发扬光大的地方。这并不意味着新的CI设计是一种形象上的修修补补，恰恰相反，知道了自己的长处和短处以后，在新的设计中就可以更有的放矢地保持和发扬自己在形象方面的长处，同时，还能保留与原有形象的某些联系性。

这就是在形象统一的设计中调整的可行性和必要性，这种调整包括了视觉和非视觉两个方面。首先，独特的识别形式是导入CI的一个基本原则；其次，CI战略具有综合性。形象统一的设计是以企业各系统的综合作用而进行动作的，而统一的系统性是在导入CI各系统的综合作用基础上进行动作的。因此，统一的系统性是导入CI的又一基本原则。它包括表面上的统一性和传播上的整合性。

CI是一项系统工程，CI的导入使企业的各种管理手段、公关宣传和广告创意等统统纳入到有序的系统操作轨道。因此，构成CI的另一大特征就是企业统一性。例如，企业名称不能表现公司的特性，那是缺乏"统一性"；两位企业管理者对外发表不一致的谈话，那也是缺乏统一性；企业的经营方针与实际经营活动严重不符，也是缺乏统一性的表现；员工对企业的理念、精神、价值观念出现异议时，也属于缺乏统一性。

五、案例解析——"蓝岛"在崛起

北京蓝岛大厦，自1993年1月18日正式营业以来，在短短两年多的时间里，运用CI战略，在社会公众中树立了良好的低价企业形象，无论是社会效益还是经济效益，都取得了很大成绩。在经济效益方面，大厦从刚开业的日均销售90万元，上升至日均销售200多万元，最高甚至达451万元。至1994年1月18日开业一周年时，全年销售额达到了5.8亿元。2004年8月，蓝岛大厦完成了经营结构的调整和经营品牌的提升，实现了企业向现代都市百货的转型。在社会效益方面，蓝岛获得了较高的知名度和美誉度，受到了各级领导以及社会各界的广泛赞誉，成为首都人民所喜爱的购物中心之一。如图4-17所示为北京蓝岛大厦。

图4-17　北京蓝岛大厦图片

（一）导入CI的背景

1993年是我国社会主义市场经济迅速发展的一年，也是邓小平"南方谈话"之后企业大胆开拓进取的一年。

从客观经济形式看，社会主义市场经济迅速发展，商业从传统的计划经济体制逐步走上了市场经济的正确轨道，并由卖方市场转变为买方市场，谁能将消费者吸引过来，谁就会兴旺。

从北京市商业的发展情况来看，百货大楼、西单商场等老字号市场，依然雄风不减。亚运会以后，北京的商业发展迅速，西单购物中心、长安商场、赛特等一批新型商场的开业，给北京市的消费者带来了耳目一新的感觉，使北京商业在观念上有了进一步的更新。也就是说，现代化的商业要在经营布局、指导思想以及购物环境、服务方面都要有一个变化，要向国际水平靠拢。

从自身条件看，蓝岛大厦属于区属企业，在强手如林的情况下，存在许多不利因素。从地理位置看，朝外大街没有形成商业群体网络，还属于二类商业区，与王府井大街、西单地区等老商业区比还有差距，在竞争上处于相当大的劣势。从自身人员来看，蓝岛大厦有2/3的员工没有商业经验，另外1/3的员工过去多在小商店工作，缺乏在大商场工作的经验，与一些新型商场比，人员状态不容乐观。另外，蓝岛大厦北有燕莎，南有贵友、赛特、友谊，西有隆福、东有鑫帝大厦，使蓝岛的未来发展面临着严峻的考验。

但是，朝阳区的领导和人民十分关心蓝岛，对蓝岛寄予厚望。蓝岛的建成开业，凝聚着朝阳区人民的厚望。面对着挑战和期盼，蓝岛大厦的决策者在开业之前就已经在考虑如何在市场竞争中站住脚，如何能够取胜。经过多次研究，蓝岛人达成一种共识，那就是企业的发展取决于能否独树一帜，能否搞出自身特色，不能走别人走过的路。在这一大思路的前提下，蓝岛大厦聘请了一些商业系统有丰富经验的退休领导组成顾问团，为蓝岛出谋划策；同时，又聘请了大专院校的专家、学者为蓝岛的经营战略提供咨询。在大家的共同努力下，蓝岛大厦决定导入CI，运用CI战略，塑造蓝岛形象，以良好的形象在竞争中取胜。

（二）树立形象

蓝岛大厦引入CI战略，确定以蓝色为基本色调，形成了店徽、店旗、店服、包装用品等统一的企业视觉识别系统。

蓝岛大厦导入CI的第一步体现在蓝岛大厦名字上。"蓝岛大厦"的名字，不仅朗朗上口，而且充满了文化气息，体现了鲜明的时代色彩。"蓝岛"的含义非常深远：蓝岛是一个不规则的多边形，酷似一座岛屿，外覆蓝色玻璃幕墙，具有海水般的颜色，"蓝岛"之名自然而生；蓝色象征蓝岛人宽广的胸怀，象征着蓝岛员工为消费者提供满意的商品和温馨的服务；海中之岛，蕴藏着无尽的宝藏，预示着蓝岛永远繁荣富强。

蓝岛的店徽、店服和各种办公用品、运输车辆等都有蓝岛的标志，即蓝白相间的徽标。同时还把它引申到商品布局中，商品布局主色调店徽淡雅，以蓝白相间为主。

蓝岛还设计了带有文化氛围的环境及布局名称。当顾客进入蓝岛，首先感到的就是集生活情趣、文化修养、休闲娱乐为一体的享受空间。在一楼设有总服务台，大型电子屏幕交换着温情的问候和带有商业文化色彩的导向性商品介绍。售货员身着蓝色制服，整洁淡雅，话语言谈充满了文化味和人情味，被孩子们亲切地称作"蓝精灵"。无论是大厦的整体布局，还是各商品部门的布局设计,都弥漫着浓烈的文化气息,供消费者品味。

CI的导入与实施,树立了鲜明的"蓝岛形象"。

(三)"蓝岛之魂"

蓝岛大厦在开业之初,就确定了"蓝岛"的经营目标,即"立足朝阳,面向首都,辐射全国,走向国际"。立足朝阳区是基本的,这是由蓝岛大厦所处的位置决定的。然后要面向首都,服务于首都千百万消费者,进而辐射全国,最终要走向世界,向实业化、集团化、国际化迈进。

为了达到这一目标,蓝岛大厦从经理到每一名员工,都会毫无愧色地说自己尽了最大努力。开业前夕,蓝岛人自己动手消除了上百吨建筑垃圾,将近千吨货物扛进六楼库房,而这些没有丝毫报酬。这些靠的是什么?蓝岛员工说得好:"人总是要有一点精神的!"蓝岛大厦的领导班子在开始就建立了正确的经营思想,形成了以情意精神为核心的一整套现代经营理念。

(1) 企业精神:亲和一致,奋力进取。

(2) 价值观念:在为事业奋进的过程中最大限度地实现自我价值。

(3) 企业宗旨:发掘人的进取意识,满足人的成就感。

(4) 企业风气:对企业有贡献的人将受到尊重,损害企业的人将受到谴责。

(5) 企业经营方针:商品以质取胜,经营以特取胜,环境以雅取胜,服务以情取胜,购物以便取胜,功能以全取胜。

(6) 员工信念:在出色的企业里工作光荣。

(7) 行为取向:企业的需要就是我们的志愿。

(8) 服务准则:微笑,真诚,迅速。

开业伊始,蓝岛人就创办了《蓝岛商报》,每期均有一篇主要文章诠释蓝岛的经营策略,还有全体员工奋斗的佳绩和战果。《蓝岛商报》不仅是联结上下左右的纽带,也是蓝岛大厦员工的行为导向。蓝岛人还创作了店歌——《给世界的爱》及10首蓝岛之歌,如《每次当我从蓝岛走过》《蓝岛情》《要购物你就到蓝岛》《相聚在蓝岛》等。商报和店歌使每个蓝岛人的心紧紧相连,融为一体,形成了充满文化气息的企业环境。

(四)"蓝岛之情"

市场竞争是无情的,然而决定市场购买力的广大消费者是有情的,蓝岛人运用CI战略中的BI,即企业行为识别系统,开展了一系列情意服务。

1. 服务"一片情"——小事见真情

2002年春节活动期间,蓝岛大厦每日早晨迎接顾客时(9:00~9:15),在大厦正门口、侧门口,大厦西区正门、侧门处设置每日礼仪迎宾员4名,其他商场各设置2名礼仪迎宾员在所在楼层滚梯两侧迎候第一批顾客的光临,每一名顾客都可以听到"蓝岛欢迎您!"的问候语。此外,在一些细节上,顾客可以享受到"一片情"的贴心服务。例如,各楼层值班经理将身披绶带为顾客提供义务咨询导购服务;当顾客携带商品不方便时,小蓝帽服务队则主动帮助顾客,将物品送出大厦;"蓝岛天天服务热线"负责接待或受理顾客咨询、投诉,在企业与顾客之间架起密切的桥梁。

2．热心周到见真情

蓝岛大厦的开架售货率达70%，这不仅方便了购物，更重要的是让顾客感到在蓝岛是被信任和被尊重的。遇到下雨天气，总服务台为那些来蓝岛购物而未带雨具的顾客准备了雨伞，没有借据，没有押金，服务台的同志客气地说一声："您下次顺路时把雨伞带回来。"尽管雨伞的回收率只有30%，但他们仍然坚持这一便民措施。顾客在便捷周到的服务中接受了蓝岛员工的一片真情。

3．"三主动两提高"——服务不打折

2002年春节活动期间，为了使光顾大厦的顾客都能够舒心、满意地购物，大厦将围绕顾客满意、方便顾客的主题制定并开展系列服务活动。大厦员工在服务接待中要做到"三主动两提高"。

三主动：第一是对反复看商品后目视营业员的顾客主动走上前去介绍商品当好参谋；第二是对经常来店的老顾客要主动询问，如："您需要购买哪种商品，我来帮助您，为您服务！"第三是对到收款台交款的顾客要主动打招呼，唱收唱付，叮嘱顾客保管好自己的钱物，注意安全；"谢谢您的光临，欢迎您再来！"

两提高：第一是提高员工服务意识的敏感度，适时、灵活地做好顾客的服务接待工作，落实知本服务；第二是提高交易次数，实现服务创效。

春节活动期间，大厦将以"服务不打折"为主题，做到三个转变。第一个转变是，在接待服务中要变被动为顾客服务为主动为顾客服务；第二个转变是，在接待顾客投诉中要变消极为顾客服务为积极为顾客排忧解难；第三个转变是，大厦二线部室为一线服务要变听汇报事后处理为深入一线发现问题及时解决。

4．蓝岛之友联谊会

蓝岛大厦邀请文艺界、体育界的名人和新闻界朋友建立了"蓝岛之友联谊会"，请他们到蓝岛联欢，向他们赠送优惠购物卡，听取他们对大厦目前工作和今后发展的意见和建议。这些名人对此很是感动。大厦有活动时，他们有请必到，并义务演出。

5．"蓝岛之邻"联谊活动

蓝岛没有忘记左邻右舍的朋友。他们邀请了居住在大厦附近的街道居民、负责自行车管理的老大妈、交通岗的工作人员，举办了"蓝岛与您携手"——消费者联谊活动，感谢这些邻居对大厦工作的支持。这些朋友都说，我们是蓝岛的常客，我们还要把亲朋好友都介绍来。

6．蓝岛挚友联谊活动

蓝岛员工认真对待顾客留言，不仅认真地研究、改进工作，还把给大厦提过批评意见的顾客邀请到蓝岛，向他们汇报蓝岛不断提高服务质量的情况，使消费者与蓝岛相互沟通，相互理解。

7．吸引顾客参与的征文和摄影比赛

大厦面向社会开展了"蓝岛发展之我见"征文活动和购物节现场纪实摄影比赛，顾客们踊跃参加。

这些活动使蓝岛的知名度和美誉度迅速提高,也促进了蓝岛经济效益和社会效益的提高。

1. 企业形象定位有什么好处?
2. 企业视觉结构与传播有哪几种形式?

为"上海风光电器"公司策划企业形象战略

1. 项目背景

"上海风光电器"公司是一家规模逐渐扩大的企业,为进一步加强企业的影响力,他们请"红绿蓝三人行"广告公司为公司企业形象战略进行策划。

2. 项目任务

了解企业形象策划的要素,结合"上海风光电器"公司的企业性质,体现出公司的经营理念、社会价值观相关项目要求。

3. 项目分析

公司的形象定位与发展战略目标密切相关。一个企业未来的发展目标,决定了企业的规模,同时决定了企业未来的实力形象;公司的形象定位同这一公司的经营理念、社会价值观相关。准确的公司形象定位,决定着公司形象塑造的方向和结果。而公司的经营理念与价值观,则决定着公司形象的思想文化内涵。

第五章

企业形象设计的开发程序

学习要点及目标

- 了解企业导入CI的最佳时机。
- 了解企业导入CI的基本程序。
- 掌握企业导入CI的实施和操作管理。
- 了解企业形象导入的步骤。
- 掌握企业形象导入的详细操作流程。

随着社会主义市场经济的不断发展，企业之间的市场竞争逐步从产品质量、价格和服务的竞争，发展到企业知名度和影响力之间的竞争，即企业在广大消费者心目中的"形象"之间的竞争。因此，如何塑造企业形象，怎样以良好的企业形象去争取更大的市场份额，成为越来越多的企业和企业家关注的焦点。企业形象塑造已经成为当今经营战略的重要组成部分。

引导案例

富士胶卷

富士软片公司创立于1934年1月20日，是日本第一家摄影用软片公司。进入20世纪20年代，富士公司已不是单纯的感光材料商，而是通过记录传递映像信息，贡献社会的"映像信息业务"综合公司。其企业活动范围不但在日本国内，而且延伸到国外市场。产品输出世界120多个国家和地区。如图5-1所示为富士软片公司的企业标志。

图5-1 富士软片公司的标志

为了使富士在21世纪得到更好的发展，促使集团内各公司更加团结，实现"世界性的富士软片""技术的富士软片"的目标，公司决定导入CI。

早期富士的标志是红色椭圆形中带有"富士软片"字样，日文、英文均以反白字书写，然而这是到处可见的一般性标志，毫无个性可言。

外国人没有对此标志产生认同感，甚至发生过把磁带误认为软片的现象。在公司内部，徽章、旗帜、办公用品均以富士山图样配合英文Fuji作为标志。集团内各公司的徽章、商标自行设计，缺少统一性。这种缺乏制度性的标志使用方式容易使富士软片与其他商品混淆，甚至使人产生标志与产品毫无关联的感觉，也难怪国外会发生上述错觉。因此富士开始重视研究这些问题，选择美国朗涛公司为顾问，委托其开发标志和基本设计系统。如图5-2所示为富士公司产品标志。

图5-2 富士公司产品标志

1997年1月至7月，富士在国内外针对公司名称、标志、包装设计等项目以及企业形象与产品形象的关联性同时进行调查，调查结果和决策如下。

（1）富士产品表现出的性格为"富有男性感、强力感、对未来发展有信心、通用于国际市场、具有高超的技术能力"。因此富士确定的企业理念是"在总合映像信息产业的自觉行动中继续求发展，目标是成为世界性及技术领先的富士软片公司，并向21世纪的未来继续发展"。

（2）为表达企业理念、性格，必须制定CI视觉性标志，对标志的设计应符合如下要求。

① 合乎国际性大企业的性格。
② 合乎总合映像信息产业的形象感。
③ 合乎企业成长的强力和开发感。

1977年9月至1979年4月富士经过多次会议做出以下决定。

① 1979年4月决定导入CI系统和以绿色为基本色调的基本设计方针，成立CI推进小组。

② 1979年12月完成国内、国外的CI手册的设计。处理好特许与商标登录关系；总务与文书关系，宣传与广告关系，包装关系，富士集团关系。

③ 1980年1月21日向公司内外发布CI标志。

④ 1980年2月21日，在发布新CI及新包装设计后，各类产品的包装、宣传、广告、事务用品类等逐步更新。

富士公开CI计划后就将新CI标志登于报纸，并利用电视广告做宣传。极为不巧的是软片原料——银的价格突然涨高10倍，使预算受到影响，因此只得暂停电视和报纸广告。银的价格于1980年7月恢复稳定，从此展开CI标志的普及工作。

在日本全国销售的各大报纸以全页广告登载以CI标志为中心的企业形象，共有三次：第一次是在1980年8月，标题为"通过更好的信息传达而给予大众更好的生活"；第二次是在同年9月，标题为"丰富的信息传达会产生世界性的笑容"；第三次是在同年10月，标题为"正确的信息传达可维护开朗的社会"。上述三次广告均将新的标志置于报纸中央，并以红色印刷，引人注目。

1980年10月趁新营业年度的开始，公司发表并开始进行企业目标Vision(视觉)-50计划，1984年为富士公司创立50周年，在此计划中制定出了该年度公司及每一位员工必须实现的目标，推进全公司的活动并向一切困难挑战，以实现名副其实的"世界性的富士软片"和"技术领先的富士公司"，使企业成长并强化其体质。

新CI计划改变了富士软片公司原有的企业形象，Vision-50计划开始实行之后，公司内的意识、观念和行为都得到革新，企业体制也得到改善和强化。如图5-3所示为富士公司标志的发展过程。

图5-3　富士公司标志的发展过程

企业形象设计的导入和实施要选择合适的时机和动机，不能盲目地进行，更要遵循企业形象导入的基本程序来进行，从而最大限度地发挥企业形象的综合效用。

第一节　导入CI的时机和动机

一、导入CI的时机

企业在导入CI时除了要选择好的时机外，还要有针对性地解决企业存在的问题。企业导入CI是为了迎接信息时代带来的挑战，然而就具体企业的实际情况而言，导入的目的、动机不完全一致。每个企业都有自己的特点，面临的问题都不一样，企业的发展进程和每个发展阶段要解决的问题也不一样。因此，企业在导入CI之前找准目标和选择时机都是非常重要的，这样可以减少盲目性，从而最大限度地发挥企业形象的综合效用。

（一）美津浓公司

20世纪80年代中期，中国的女排赛事观众经常可以在问鼎世界排坛的中国女排的服饰上见到一个简洁流畅的斜M形标志，这便是日本著名的美津浓公司标志，如图5-4所示。

第五章　企业形象设计的开发程序

图5-4　美津浓标志

美津浓公司是一家生产运动器材和体育用品的企业，创建于1906年。1981年公司迎来它诞生75周年的大庆，在这之前的70多年里，公司在推销它的3万余种体育器材的同时，也为社会做出了重要贡献，它不断地将欧洲流行的各种体育运动介绍给日本人。它是日本棒球运动的创始者，如今棒球成为最受日本人喜爱的项目之一，美津浓功不可没。同时，在公司的发展史上，由它主办、协办、参与或赞助的各种体育项目和运动会不胜枚举。

20世纪70年代末，一条普普通通的消息引起了公司决策层的高度重视："随着生活质量的提高，越来越多的日本人投身体育运动，目前已有2/3的日本人热衷于棒球、高尔夫球、网球和跑步等体育项目，预计到1985年这个比例将增加到3/4。"美津浓作为一个生产运动器材的专业公司敏锐地感到机遇正在向他们逼近。他们将以什么样的面貌和姿态来迎接这个机遇呢？1980年又恰逢奥运会年，第二十二届奥运会在莫斯科举行，公司决定全面导入CI。1978年9月，公司任命了12位年轻的职员组成CI开发小组，命名为美津浓识别委员会(Mizeno Identity)，并由委托兰多(Walter Landor Associates)公司协助开发。委员会制订出四个阶段的开发计划。

① 信息分析。
② 开发企业识别系统VI。
③ 改良和完善系统。
④ 全面展开系统。

通过一段时间的工作，委员会分析了公司现状及有关信息的价值，制定出了CI的基本方针。

① 新CI应该反映出美津浓的传统理念。
② 确立美津浓在当今国际国内的市场地位。
③ 在保持传统的基础上将现代感引入企业。
④ 统一企业的视觉识别系统。

（二）新的企业品牌系统

塑造新的企业形象系统，确定了公司标志的标准色为天蓝和钴蓝两种颜色以代表运动的速度感和新鲜感，使新的企业标志能传达出体育运动的开放性，标志的审美风格能满足从20世纪80年代到21世纪的时代变更的要求，企业形象的格调能合乎一流体育用品的品位，同时能在各种媒体上运作，确定企业标语为"运动世界"(The World of Sports)，意思是要将体育运动普及世界的每个角落，让每个角落都能见到"美津浓"。

1980年6月12日，美津浓公司在东京向外界发布："自明日起(6月13日)导入CI。"与此同时，日本各界的美津浓专卖店、员工制服、广告招牌、车辆、包装、信封等都纷纷以全新的面貌出现。企业同时要求美津浓所属的所有机构必须在3年内完成企业形象的统一。

1980年6月19日，是奥运会圣火在希腊点燃的日子，美津浓获得了本届奥运会的指定赞助商资格。火炬点燃后，选手们手擎火炬，身着焕然一新的美津浓运动服和运动鞋，途经5000多千米，历时3个月，在沿途观众的欢呼迎送下，来到莫斯科。同时，美津浓还获准允许在运动员村设置美津浓专卖店和器材修补店。这无疑是公司导入CI的一个良好开端，也是千载难逢的机遇。

二、企业导入CI的前期工作

20世纪50年代，经过了第二次世界大战，欧洲的经济有待复苏，美国也迎来了前所未有的良好的经济发展环境。CI设计正是从20世纪50年代到70年代，由于欧美各家大企业的介入而得到迅速发展。在此期间，美国国际商用机器公司(简称IBM)一直被认为是在早期成功导入CI的典范。

有关IBM导入CI的情形有一个故事。20世纪50年代中期，时任IBM公司董事长的威特逊询问公司的设计顾问埃里奥特："IBM公司的优点是具有开拓者的精神和创造性。那么公司怎样才能把这些特色有效地传达给世人呢？"这位顾问回答："应该透过一切设计来传达IBM的优点和特点，并使公司的设计统一化。"埃里奥特将著名设计师保罗·兰多介绍给公司，接下来他们两人为此绞尽脑汁，因为围绕IBM所开发的设计和一般商业设计完全不同。

新的设计不是将各种细节、各种要素加工、美化，而是将它们整合、归纳，构筑成一个完整的视觉系统。他们以IBM三个字母构成新的标志，以快捷、流畅又极富行业特征的新标志作为主特征来统一所有的设

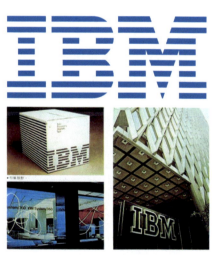

图5-5　IBM标志

计，令人耳目一新。在业绩大幅上升的同时，IBM这三个连成一体的字母也被世人誉为"蓝色巨人"。如图5-5所示为IBM的标志。

IBM的成功，激发了许多美国的先进企业着手导入CI，如Mobil(美孚)石油公司、Westinghouse(西屋电器)、可口可乐公司、3M公司、各大航空公司、银行、连锁店、克莱斯勒汽车公司等众多企业都纷纷加入导入CI的行列。如图5-6所示为可口可乐公司的企业标志。

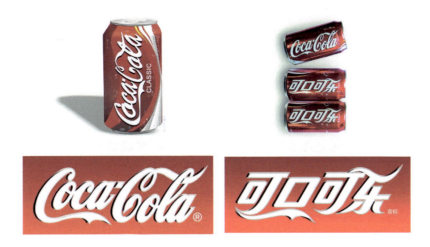

图5-6 可口可乐中英文标志

CI形势调研是一个复杂的过程，需要企业内部人员与专业公司人员共同完成。只有进行充分的调查研究，才能取得翔实的资料和可信度较高的结论。确保调研质量的前提是要遵循科学的调研程序，制订周密的调研计划，唯有如此，才能在最后做出系统、精确的调研报告。

（一）确定问题

要导入CI，调研首先要大体明确企业目前在这一方面都存在哪些问题，即首先要明确导入CI的具体原因。CI作为一个系统，包含的内容非常丰富，企业在相关方面会存在很多问题，调查人员必须一一列出，以备进一步调查、研究、分析。

例如，现在企业的理念有何问题？在理念传递、实施方面存在什么问题？企业的行为识别系统如何？在企业组织形式、组织机构、企业内部各种行为、企业各种市场行为等方面都存在哪些问题？企业的视觉形象如何？企业名称、品牌、标准字、标准色是否合理？广告展示的形象如何？

（二）制订调研计划

在明确存在问题的基础上，企业要制订相应的调研计划，包括确定调研的目标以及收集资料的来源、选择调研方法、制订抽样方案、决定具体行动方案、进行调研预算、制定监控措施等。

（三）收集信息

制订了调研计划后，接下来需要进行的工作是收集信息，即依照调研计划选定的方法和安排的时间进行调研对象的选取、调研工具的准备并实地搜集信息。

收集信息这个环节成本最高、耗时最久，并且由于信息的质量直接影响到对其进行分析所得的报告结果的可靠性，所以在此环节一定要采取各种监管措施，确保收集到所需的全部信息，并确保信息的准确性和可用性。关于如何确保资料准确性的问题，将在调研计划的监控措施部分予以说明。

(四)分析信息

分析信息是指对所收集的信息进行分类、整理、比较,剔除与调研目的无关的因素以及可信度不高的信息,对余下的信息进行全面系统的统计和理论分析。

在进行该项工作时,首先应审查信息的完整性,如果所需信息不完备,则需要尽快补齐;其次,应根据本次调研的目的以及对所收集信息的质量要求,对信息进行取舍,判断信息的真实性;再次,对有效信息进行编码、登录等,建立起数据文件库;最后,依据调研方案规定的要素,按统计清单处理数据,把复杂的原始数据变成易于理解的解释性资料,应用科学的方法对其进行分析,得出调研结论以及可行性建议。在分析的过程中,应严格以原始资料为基础,实事求是,不得随意更改调查结果。

(五)报告结果

报告结果是导入CI之前调研的最后一个环节。撰写调研报告书,将通过调研所得的信息以及对其进行分析得出的结论以书面形式递交企业管理部门,这是调研完成的标志。调研报告是调研工作的最终成果,应该具有真实性、客观性和可操作性,能切实为管理层提供有用的信息和建议,为企业导入CI提供各种依据和参考。

拓展知识

企业导入CI的目的和原因

企业导入CI的目的和原因很多,但一般情况下都要针对企业实际需要,有针对性地设计并导入CI,实施CI战略。根据众多成功范例,企业导入CI的动机大致有如下几个方面。

(1) 改变企业经营不振的现状,克服经营困难,活化企业组织,振奋企业精神。

(2) 改变陈旧、落后的企业形象,树立崭新的企业形象。

(3) 变更企业名称,扩大经营范围,实现多元化经营。

(4) 转变企业经营方针,重整企业理念,适应"二次创业"需求。

(5) 顺应"国际化"潮流,改变不能同国际市场接轨的形象识别系统,适应国际竞争需要。

(6) 导入新的市场战略,开发新产品,借助CI的导入迅速打开市场。

(7) 强化企业的对外宣传、公共关系和促销活动,改变企业实力强大但形象传播力弱的现状,提升企业形象。

(8) 实现企业的改组、整顿,提高管理效率。

(9) 消除负面影响,克服不利因素,更新企业形象。

第二节 企业形象导入的基本程序

企业形象的巨大威力使现代企业越来越重视形象的塑造。以绿色为核心塑造企业形象是现代企业新的选择。

经过绿色使者们二十多年的不懈努力，生态与经济协调发展的可持续发展观终于深入人心。社会公众关注环保事业，"保护人类赖以生存的地球生态环境，为子孙后代造福"已成为世人的共识，"无氟冰箱(空调)有利于保护臭氧层""无磷洗衣粉不会对水资源造成污染""无铅汽油会减少对大气的污染"等化学界、工业界的深奥的专业理论，已成为众所周知的常识。社会公众对环保事业的关注必将转化为对与之相关的企业的环保行为的关注，企业如果拥有绿色形象将会深入人心并得到广大社会公众的赞誉。

绿色企业形象是高素质企业形象的象征。以人类社会可持续发展为目标，注重环境保护、注重社会公益的绿色企业形象的树立，是企业及其经营者注重社会效益、注重企业的社会责任、注重企业和社会的长远发展的高尚的思想境界的体现。追求绿色形象的企业，其理念和行为符合现代社会发展的根本利益，是现代企业在环保方面的楷模。企业的绿色形象必将成为现代社会的最佳企业形象。

下面我们看一下绿色企业形象的导入历程。

一、树立绿色企业形象的背景

（一）绿色企业形象的树立有利于打破"绿色壁垒"

随着国际贸易朝着自由化方向的发展，环保问题已逐渐成为影响国际经济合作的一个重要因素，被世界各国及国际经济组织所重视。早在20世纪70年代，国际社会就通过国际组织和国际会议先后出台了许多多边的国际环保协议和规则。

世界贸易组织及有关贸易协定已将环境保护问题提上议事日程。然而，20世纪80年代以来尤其是进入20世纪90年代，一些发达国家却以环境保护为名，不经协商便以建立环境标志制度、实施环境管制为由对进口商品课征环境进口附加税，以进口产品的生产制造方法不符合本国的环境要求为由限制或禁止进口；滥用国际组织制定的环境标准，禁止或限制进口；对本国厂商提供环境补贴，以扭曲资源价格和正常贸易等方式单方面提高进口商品的环保标准，并对商品的原材料、生产技术和用后处理等环保指标提出了超过国际上公认标准的要求，或提出对外国商品的环保标准高于本国商品的要求。

这样，实际上是以环保为名行贸易保护之实，构筑起抵制外国商品进口的"绿色壁垒"。这对我国和其他发展中国家的出口贸易产生了极大冲击。我国出口产品的市场主要集中在发达国家和部分新兴工业化国家及地区，这些国家及地区约占出口市场的80%。其中主要的贸易伙伴都是世界贸易组织贸易与环境委员会的成员国，它们是设置"绿色壁垒"的主要国家，这更加剧了我国出口贸易的严峻性。据统计，仅1995年一年我国出口产品因此蒙受的损失达2000多亿美元。"绿色壁垒"已成为国际贸易中难以摆脱的障碍。

我国必须采取积极措施以适应这一新情况,除必要时运用法律武器,维护我国在国际贸易中的合法权益外,最根本的方法就是大力发展我国的绿色产品事业,并尽快与国际接轨,树立绿色企业形象,来冲破绿色壁垒。这就需要我国企业强化绿色观念,重视绿色设计,推行清洁生产,强化绿色包装,积极争取ISO 14000认证等措施来实施绿色营销,树立绿色企业形象。其中,争取ISO 14000认证是我国企业与国际市场接轨,树立绿色企业形象的一项重要措施,是突破"绿色壁垒"的一个重要条件。

ISO 14000是国际性的标准,适用于一切企业的新环境管理体系,它是一张企业进入国际市场的绿卡。取得了ISO 14000认证证书,成为国际公认的绿色企业,就等于取得了一张国际贸易的绿色通行证。我国海尔集团通过 ISO 14000认证以后,不仅使产品成为欧洲各国的畅销品,而且在美国和一些欧洲国家建立了生产基地,成为一个具有绿色企业形象的大型跨国公司。

(二) 知识经济为绿色企业形象的塑造创造了条件

知识经济是"建立在知识的生产、分配和使用之上的经济"(国际经济合作组织定义)。知识经济的出现标志着以物质资源的高消耗为基础的工业经济的转化和升华,人类将进入一个新的文明时代,知识将成为经济发展的首要因素和关键因素。目前,在经济发达国家,科学技术在经济增长中的贡献率已达到60%～80%,成为经济增长中的决定性因素。信息网络的发展、高新科技产品的开发、新型能源的开发利用,都推动着经济的快速发展,也为企业绿色营销的实施、绿色形象的树立创造了条件。

知识的运用有助于企业树立低能耗、高效率的企业形象。在人类的生存和发展中,自然资源是有限的,欧洲经济共同体的一份报告指出:"用年均消耗量计算,现有资源还可用500年;若以年均2.5%的递增速度计算消耗量,现有资源只能维持90多年。"知识可以使人类社会在有限的自然资源的条件下得到无限的发展。技术的进步大大降低了自然资源的耗费,20多年前美国发射到火星的"海盗号"耗资10亿美元,而近年发射的"探路者号"仅耗资1.8亿美元。知识的运用不仅使有限资源得到更充分的利用,而且能开发出各种可替代资源,使企业树立低能耗、高效率的观念,使人类社会得到持续发展。

知识经济的发展有利于绿色企业形象的提升。在知识经济时代,知识的价值将超过资本的价值。世界银行副行长瑞斯查德指出,在知识经济时代,知识是比原材料、资本、劳动、汇率更重要的经济因素。美国管理学权威彼得·德鲁克也认为,在现代经济中,知识正成为真正的资本和首要财富。随着智能生产方式逐步取代传统的工业化生产方式,人们对无形资产、软件的重视程度将超过对有形资产、硬件的重视程度。

与传统的工业经济相比较,知识经济核心资源由原来的资本、劳动力等物资资源转变为知识、信息等智力资源;企业间的竞争由传统的厂房、设备、劳动力等硬要素的竞争转变为生产经营中的研究开发、战略决策、经营管理、形象设计等软要素的竞争;商标、商誉、专利权等知识产权的价值也较过去受到高度的重视。企业的绿色形象将成为企业巨大的无形资产。

知识经济时代消费者购买行为的理智化将促进企业绿色营销的开展。随着知识经济时代的到来、人们总体收入水平的提高,在购买商品时不再局限于个人基本生活的满足,而开始注重人类生存环境的保护,关心人类社会的可持续发展,因此越来越多的消费者开始奉行绿色消费观。据调查，我国消费者中75%的人愿意购买绿色商品，90%以上的企业愿意经营绿色商品。绿色消费将成为21世纪的消费时尚，也必将促进企业绿色营销的开展及绿色形象的树立。

（三）网络营销的发展有利于企业更好地满足消费者的绿色需求

随着互联网的发展，网上购物这一新的购物方式将受到越来越多的消费者的青睐。据统计，1998年年底全球使用互联网的人数在1亿左右，2014年年底已突破20亿，我国上网用户已达6.49亿，跃居世界首位。网民们手持电子货币，可以24小时内随时上网浏览购物，这就避免了时间、空间的限制，显得十分潇洒自如。

通过计算机网络可以建立起企业内部以及厂家、商家和消费者之间的即时沟通，使绿色供求信息能及时得到传递。通过了解消费者在绿色需求方面感兴趣的内容，构思新的绿色产品、开发新的服务；通过对访问站点人数的统计了解消费者的购买意向并发现企业在实施绿色营销中的一些问题，及时地进行改进。

网络营销的发展有利于更好地树立和传播企业的绿色形象。网络的开通，消除了企业与消费者在时间、空间方面的隔阂。企业可通过互联网全天候地与社会公众进行文化和感情上的沟通，在网络上通过广告宣传和产品介绍树立和传播自己公司和产品的绿色形象。

二、绿色企业形象的构成

（一）绿色企业理念

企业应树立为社会创造优质生活的理念，不仅为社会成员提供可以满足其需求的优质产品和服务，而且为人类的生存与发展保持和创造优质的自然生态环境和社会环境。

绿色企业理念要求企业以社会市场营销观念为指导，将消费者利益、企业利益与社会利益有机地结合在一起，不仅要注重消费者的现实需求和潜在需求的满足，而且要注重企业的经营效益，争取以较少的投入取得较大的产出，同时还必须注重社会的长远利益，以人类社会的可持续发展为宗旨，以社会资源的有效利用和社会污染的最小化为前提组织企业的生产经营。企业应确立顺应时代趋势，争做地球卫士的企业精神和企业风格，在企业的发展目标中注重环境保护以及资源的开发和有效利用。

企业的行动纲领、经营信条、广告导语、标语口号，企业歌曲、警语及座右铭中均要体现绿色企业理念。

（二）绿色企业行为

绿色企业行为包括企业内部行为的绿化和企业外部行为的绿化两个方面。

企业内部行为绿化的具体内容包括建立绿色企业形象策划和研究机构，定期对员工进行可持续发展和环境保护方面的教育，加强对企业的环境保护和绿色营销方面的管理和监控，大力研究、开发可替代能源、资源，研究能源、资源的综合利用和节能减废措施，营造一个崇尚自然、回归自然、保护自然的工作环境和气氛，积极创造条件申请取得有关国家和地区的环境标志，并争取获得ISO 14000国际环保标准认证。

企业外部行为绿化的具体内容包括经营和推广绿色产品，利用广告和公共宣传等方式向社会公众传播企业的绿色形象，积极参与环境保护和有利于可持续发展的社会公益活动及文化活动。

企业应建立行为绿化的监控制度，这包括建立对内对外的各项绿色活动的行为规范，制定各项绿化活动的管理制度、各部门的岗位责任制度和具体的考核指标体系。

(三) 绿色视觉传播

企业的标志及其标准字、标准色等视觉形象的设计必须符合企业绿色形象的塑造。

企业的视觉形象的传播必须符合环境保护的要求，有利于企业绿色形象的塑造。

企业往往通过导入CI战略，来达到塑造企业形象的目的。企业绿色形象的树立和塑造，则必须通过包含绿色因素的CI战略的导入，规划出企业的"绿色理念"、绿色企业行为，并运用视觉识别系统进行传播。

三、绿色企业形象战略的准备阶段

(一) 成立CI策划小组

CI策划小组由企业内部的CI策划办公室成员和企业外部专业策划部门共同组成。

企业内部的CI策划办公室是在企业高层主管的领导下由广告部门、公共关系部门以及各职能部门所抽调的人员组成的非常设的组织机构。它肩负着为外部专业策划部门提供企业的有关资料，与外部专业策划部门共同分析和策划，对员工进行培训、组织和控制CI战略的实施等任务。

企业外部的专业策划部门的职责是首先针对企业的高层领导的能力及企业的原有形象的调查，帮助企业确认或确立企业独特的理念精神，然后在企业理念精神的指导下，确定企业的社会定位、市场定位及产品定位，并制定相应的战略和制度，最后帮助企业制订培训和导入计划。一方面，对企业内部员工进行CI培训与教育，使全体员工达成共识，共同为塑造企业良好形象而努力；另一方面，帮助企业设计能代表企业形象，突出企业风格的企业标志，并通过大众媒体和非大众媒体进行传播。

(二) 开展调查研究活动

运用问卷调查、座谈调查等方式分别对企业各级领导、员工代表、社会公众进行调查。通过调查，了解企业的历史和现状，经营者的风格、气质和战略思路，内部员工和外部公众对企业形象的认识等。

(三) 企业形象的评价与诊断

CI策划小组要在调研分析的基础上对企业形象进行评价和诊断，分析企业原有的形象。

1. 评价企业形象的合理性

企业形象合理性评价内容包括企业的理念精神及行为准则是否合适，企业的基本形象是否符合企业的精神理念、经营目标和特色，有哪些突出的正面形象或负面形象等。

2．评价企业形象的认知性

企业形象认知性的评价内容包括企业内部员工及外部的社会公众对企业形象及品牌形象的认知程度，企业形象的传播媒体是否有助于企业形象的识别和传递，企业形象识别系统的内部诸因素之间是否一致等。

3．评价企业形象的竞争性

企业形象竞争性的评价内容包括企业名称及其标志的设计是否合理；企业的营销战略是否有利于树立良好的企业形象并具有竞争性；企业的现有形象对企业的损益状况、企业的市场地位的影响力；等等。

四、绿色企业形象战略的制定

绿色企业形象战略的制定要以调研分析的结论为依据，对战略目标、企业定位、表现企业形象的活动计划及其实施方案等内容进行整体策划。

（一）确定企业形象策划的目标

战略目标是制定战略的依据，目标不同，具体的战略措施也就不同。在调查分析的基础上准确地选定战略目标是合理制定CI战略的关键。CI战略的目标有以下几种。

1．巩固现有的企业形象

对于具有良好形象的企业，巩固企业形象的战略重点应放在现有形象的完善和提升上。

2．改善企业形象

对于形象较差的企业，必须针对企业存在的问题及问题的症结，通过艰苦细致的形象塑造，从内部到外部彻底改变社会公众对企业的看法。改善消极的企业形象是企业形象策划中最困难的一种。

3．重新塑造企业形象

对于缺乏特色、形象模糊的企业，必须通过CI策划，突出企业优势和特色，重塑新的企业形象。

（二）确定企业形象的社会定位、市场定位和风格定位

企业形象的社会定位也称企业定位，是指企业欲在社会公众心目中形成的总体形象和地位。企业形象的市场定位是指企业欲使其产品在目标顾客心目中形成的形象和地位。企业形象的风格定位是指企业欲使其独特的精神、文化或经营风格在公众心目中形成的独特形象。三种定位各有侧重，密切相关。既可从不同层次上进行定位，形成一个层层深入的定位系统，又可将三者有机结合，融为一体，形成一个整体定位。

企业可根据自己的经营特色、社会公众对企业的某些特征的重视程度以及同行业竞争者的现有定位，选择突出自身特色、独辟蹊径的"避强定位"方式，或与主要竞争对手进行"结对竞争"的"迎头定位"方式，或改变自我形象的"重新定位"方式等，来确定企业在

社会公众心目中的特定位置和形象。

(三) 确定塑造企业形象的战略计划及其行动方案

确定塑造良好企业形象的有关战略，内、外部活动计划及行动方案时，首先要根据企业形象塑造战略的目标要求及定位对CI战略的各个组成部分特别是BI部分制定出长期战略和短期活动计划；其次要制定企业形象计划的实施方案和管理办法；最后要确定各项活动的具体活动方式、所需时间及日程表、所需经费、各项活动的负责人及主办、协办单位等。

五、绿色企业形象战略的实施与控制

(一) 绿色企业形象的实施和控制程序

1．调整和落实企业形象管理组织机构

为了便于CI战略的实施，公司要对原有的CI策划小组进行调整，成立CI战略管理机构。

2．进行沟通和培训

沟通和培训的内容包括召开企业形象方案发布会，散发企业的CI手册，举办高层管理者、部门经理的CI研讨班，并有计划地对全体员工进行CI知识培训及规范行为训练。

3．落实和实施CI战略活动计划

落实和实施CI战略活动计划的内容包括改善公司环境、规范员工行为、落实公益性活动、公共关系活动及广告促销活动计划。

4．监督和控制CI战略的实施

监督和控制CI战略的实施要求监督和管理CI战略计划的执行，对各项活动的实施绩效进行测定、定期检查，评估CI战略的实施情况及实施效果，对CI战略进行调整和修正。

(二) 绿色企业形象战略实施过程中应注意的问题

CI战略是一个系统化的整体形象战略，在导入和实施过程中，必须从战略内容的系统性、战略实施的组织性和计划性、战略导入的整体性等方面进行把握，不断提高战略水准，促进CI战略的推广应用。

1．CI系统是企业理念、企业行为和视觉标志三者的有机统一体

CI系统的三个子系统之间相互联系、层层递进，形成一个完整的形象识别系统。

MI(理念识别系统)是CI系统的核心和原动力，是其他子系统建立的基础和依据。MI又是一个较为抽象的系统，其内涵和实质必须通过BI和VI体现出来。

BI(行为识别系统)是CI系统的动态识别系统，它以MI作为核心和依据。社会公众对于企业的行为规范也不可能轻而易举地全面掌握，还必须通过VI来掌握。

VI(视觉识别系统)是CI系统的静态识别系统，是企业理念精神和行为规范的具体反映，它是最直观、最具体、最富传播力和感染力的子系统。

CI系统是三个子系统的有机统一体，只有通过对三个子系统的策划和设计，制定系统化的CI战略，才能有效地塑造企业的良好形象。

2．CI战略的策划必须内外结合

CI战略不是单纯的企业标志等外部形象的塑造，它涉及企业高层决策者的理念精神和各部门的行为规范。CI战略内涵的系统性，必然导致CI战略导入和实施的复杂性和整体性。CI战略的策划，绝不能仅仅依赖于企业外部的广告公司或企业形象策划公司，而必须以企业内部力量为主，组成CI策划小组，借助企业外部的专业策划公司、咨询公司、大专院校等力量，共同搞好策划工作。

3．CI战略的实施需要全体员工共同努力

CI战略的实施和落实、企业良好形象的塑造和树立不能仅靠企业高层领导的意志和行为，更不能仅仅依靠企业的广告部门和公共关系部门的对外宣传活动，必须通过全体员工的共同努力，才能取得成功。

第三节　企业形象实施的操作管理

在CI的导入过程中，企业需设立专门的CI管理机构对CI的实施进行监控和管理，编列专门预算支持CI作业，同时经营者必须按照CI计划严格执行，保证CI实施的一贯性，在实施中不断进行评估并对不适应的地方做出调整。

一、实施督导

当CI策划设计完成后，企业应对CI策划小组进行改组，建立监督CI计划执行的相应机构。CI推行的管理主要是企业内部的事情，常常涉及总经理办公室、人力资源管理部、公关企划部门和市场营销部门的工作，CI管理委员会应由这些部门的主管和专职人员组成。如果企业规模较大可以聘用一位CI专家负责CI的实施督导。

CI的实施、督导一般有三个环节，即对实施情况进行检查、对实施效果进行评价、对实施中的不足予以改进。如果在导入CI之后，有效的管理无法跟上，没有专门机构或人员来监督其运作，则前期所做的大量投入就有可能白费，而无法取得预期效果。

二、效果评估

对CI导入效果进行评估，了解CI导入所取得的成效，从中发现导入中的不足，从而对下一步的推行工作进行改进，以求得到更好的实施效果。所以，效果评估是CI推行中极其重要的一环。CI导入的效果评估包括以下四个方面的内容。

（一）企业内部

CI导入和实施人员应对CI的推行情况随时进行了解，对企业员工进行随时的或定期的系统询问调查，询问的内容包括总体评价和具体作业两个方面的问题。例如，企业在导入和推行CI以来，各方面是否有了明显改观？新的企业理念能否顺利贯彻？CI制度是否只流于形式？企业对新的标志是否满意？对于企业内部的调查应及时对询问结果进行整理分析，同时注意信息的真实性。

（二）外部环境

外部环境测试评估须选择与企业有直接关系的组织或个人进行，导入效果评估应在调研阶段的基础上进行，所以选择对象应尽量选择原有被访者或回答问卷的人，这些人对企业形象状况有一定了解，而且经过调研阶段会对企业CI的导入情况比较关注，从而提供更多信息。

对评估的内容而言，应集中在视觉设计项目的传播效果和企业总体形象上。视觉设计项目传播效果的评估可就一个基本设计项目进行专项评估，也可对几个设计要素的组合应用效果进行评估。评估对象应全面、系统，大致包括认知度与识别功能、视觉印象和设计品位三个方面。企业总体形象的评估可沿用调研阶段的关键语作为问题，根据肯定回答者占接受测试总人数的比例，与之前调研阶段的结果相比较，分析企业导入CI后形象的优化程度和在哪一方面取得了明显的改观。

（三）根据企业营运资料进行的CI效果评估

企业导入CI，提高企业知名度，建立企业高度识别性、统一性的形象系统，最终目的是使企业经济效益得到提高。CI导入的实际效果直接体现在企业产品的市场占有率、销售额和利润的提高以及营销费用的降低上。因此，导入CI效果评估的一个重要方面即对企业营运业绩进行评估。

从企业的经营业绩考察企业导入CI的效果，一般的做法是在企业营运报告中分别选取导入CI前后几年的数据进行统计分析，从市场占有率、销售额、利润的增长率中查看CI的导入效果。该方法的基本原则是销售额和利润的增长高于因导入CI而产生的费用增长说明CI导入的效果良好；反之，则导入效果不佳。

（四）目标评估

CI的导入效果与导入所确定的目标密切相关。企业导入与实施过程中的所有作业项目都是根据目标确立的，导入效果的评估也应根据CI的目标而进行。

根据企业导入CI的战略目标可以确定评估内容的重点与评估标准。例如，日本白鹤造酒公司导入CI战略的目标是建立标志品牌的统一识别系统，其评估重点放在了企业新标志、品牌的视觉印象以及识别力与标准化表现上。

企业导入CI的目标在实施推进过程中逐步具体化，不仅有长期目标，还有中、短期目标，在不同的期限到来时，应及时对CI导入的效果进行评估，从而得到阶段性的效果评估报告。

三、调整改进

通过对CI的实施、督导和及时进行的效果评估，CI导入执行机构应对实施中发现的问题进行分析，改进实施方案，修正作业计划，完善CI的制度化惯例。若需要调整、改进推行方案，应写出书面报告，提交CI委员会讨论，根据此报告修改、完善推行方案，由企业主管审批后执行，以使CI的导入取得更佳效果。

四、导入CI程序的六大步骤和操作流程

(一) 导入CI程序的六大步骤

(1) 提出和确定CI计划。
(2) 调查与分析企业。
(3) 明确企业理念。
(4) 以企业理念统一行动、视觉设计。
(5) 企业CI的发表。
(6) CI实施效果的测定。

(二) 导入CI的详细操作流程

(1) 提出与确定CI计划方针。
(2) 开始和确认CI计划。
(3) 设置CI策划小组。
(4) CI系统分析、体制分析。
① CI调查分析与企划书。
- 搜集内部意见。
- CI导入方针的确认。
- 实地考察。
- 企业内部的信息传递活动。
- 调查策划。
- 调查设计和调查方法的确定。
- 选定调查机构。
- 调查准备。
- 实际调查。
- 调查结果的统计分析。
- 项目调查。
- 视觉审查。
- 访问负责人。
- 调查结果的解析。
- 制作总概念报告书(CI企划书)。
- 总概念的发表(CI企划的发表)。
② 企业理念的讨论确定和企业识别系统的设计。
- 企业理念体系的确定。
- 企业识别系统的构筑。

- 变更企业名称、称呼。
- 制订CI设计开发计划书。
- 设计人员的挑选和签订合同。
- 设计人员确定方针。
- 介绍设计基本形态。
- 设计测试。
- 法律上的核定。
- 决定涉及基本形态及精致化。
- 拟定企业标语。
- 基本设计要素及系统的提案。
- 基本设计手册制作对外表达计划。
- 企业内部的信息传达计划。
- 应用的实用计划。
- 应用计划开发。
- 编制应用计划手册。
- 新设计的适用展开。
- 策划制作企业内部使用的工具。

③ CI发表。
- 对内发表。
- 对外发表。
- 相关计划的推行。

④ 实行。

五、浙江宁波杉杉集团有限公司CI导入案例解析

在中国企业界，郑永刚和他的杉杉近8年来一直广受争议。郑永刚在20世纪90年代初首创"产供销一条龙"模式，建成了当时中国服装国内市场最庞大的直营销售网络；他在1996年将杉杉股份包装上市，成为中国服装业首家A股上市公司；同年，他聘下中国名气最大的两名设计师力推时尚女装"法涵诗"，开服装名牌与名师联手之先河；1999年，他又大刀阔斧地进行"生产剥离"和"渠道再造"，将原有的自营销售渠道全部改为特许加盟模式；2001年，杉杉在核心品牌西服之外，又搞起"类NIKE"模式的"多品牌国际化"运营……如图5-7所示为浙江宁波杉杉集团有限公司的标志及公司全貌。

现在让我们看看浙江宁波杉杉集团有限公司CI导入的具体情形。

（一）背景：调查与启动

从1989年杉杉(当时称甬港服装厂)电视广告打西服品牌，走名牌战略的路子，一直到1993年杉杉西服销售额达到2.54亿元，在这几年时间里杉杉创造了一个中国西服名牌。与此同时，企业和品牌如何向更高层次发展，作为一个新的重要课题摆在了企业决策层面前。决策层在思考：当企业和品牌借实力和宣传手段到达发展的一个相对的高峰时，企业如何才能

获得新的动力？如何以这个相对高峰期为起点得到迅速发展，赢得未来的成功？怎样让品牌得到提升？企业到底该按什么样的模式发展？杉杉的决策层一直关注着竞争中的危机与机遇，寻觅着企业发展的新的突破点。

图5-7　浙江宁波杉杉集团有限公司的标志及公司全貌

与此同时，市场调研发现，尽管杉杉集团和杉杉品牌的形象在全国市场已经初步得以确立但仍不巩固，尤其是在华北、东北市场的影响力和扩张力还不够强大。据北京市场的调研数据可得出以下结论。

(1) 40%以上的人知道杉杉西服，且绝大部分是通过广告亦即大众传媒获得信息。这说明了杉杉在该地区广告投入的效果不错，同时也提示出个人资讯传递的不足。

(2) 被调查者对杉杉西服的产地仍普遍模糊，如很多人认为其产地是上海、北京或台湾。

(3) 被调查者对杉杉集团的企业标志、企业理念之类所知甚少。

(4) 曾经购买过或明确表示具有购买意向的消费者不足5%。

(5) 初步结论：目前在大众印象中，"杉杉"只是西服的一个品牌，缺少整体而丰满的集团概念，缺乏鲜明的形象和品位，因此没有强烈的号召力，尚未造成公众的偏爱或认牌购买心理。

从与杉杉相竞争的品牌来看，国外如皮尔·卡丹、金利来、观奇洋服等皆挟洋自威，无论是广告策划还是形象塑造都先声夺人，在中国市场上抢占了较大份额，而国内的一些品牌在市场竞争中的营销策略和手段尚处于价格竞争等低层次的水准。因而，杉杉集团在广告和公关策略上应突出体现企业的整体化形象，突出企业自身的文化意蕴，使企业性格、品牌性格和产品性格得以统一、升华并广为人知。

一个偶然的机会，杉杉找到了一家资深策划公司——台湾艾肯形象策略公司。当时，艾肯公司已成功地规划了国宝集团、中兴电工、统一工业等数十家涉及各种产业的企业CI，艾肯不仅在使这些企业获得重新发展的动力的过程中获得了大量的经验和有效的方法。更重要的是艾肯已开始潜心研究推广中国式的CI模式即本土化、本质化的CI模式。艾肯的CI模式在民族特性、文化取向、精神特质上已十分接近杉杉正在寻找的突破模式。因此，杉杉和艾肯很自然地握手合作。

1994年年初，杉杉集团确立了导入CI的计划，由总裁郑永刚做CI策划小组召集人，副总裁郑学明担任主任委员，企业形象策划部部长王仁定担任此计划总干事。

经过艾肯公司和杉杉CI委员会的共同筹划，杉杉导入CI的目标确定为以下三点。

(1) 为企业形象定位并提高企业形象，创建一流的企业经营文化系统。

(2) 系统、科学地进行有形资产和无形资产的经营，提高综合竞争能力。

(3) 提升品牌地位，引导实业部门向更多的领域发展。

杉杉集团斥资200万元，整体导入CI，也拉开了以后将出现的公关行为的序幕。

(二) 导入CI：企业精神、品牌宗旨和商标标志等的确立

《大不列颠百科全书》中"杉"的条目注："杉科常绿球果类乔木，原产于东亚。树高可达50米，树围可达5米左右，是很好的材用树种。"

杉树，伟岸挺拔，英俊潇洒，生命力极为旺盛，它与中华民族五千年文明史积淀下来的坚忍不拔、蓬勃向上、生生不息、挑战未来的精神内核相贯通。在世纪交替、体制转轨的企业发展重要阶段，杉杉集团不仅要树立或塑造恒久弥新的品牌，而且要营造含义丰蕴的企业文化，建立起经营集约化、市场国际化、资本社会化的现代化、国际化产业集团。

据此，杉杉集团确立了"立马沧海，挑战未来"的企业精神，"奉献挚爱，潇洒人间"的品牌宗旨以及"我们与世纪的早晨同行"的宣传标语。杉杉从自身的品牌诉求出发，紧扣21世纪"环保、生态平衡、绿化"的世界性主题，把杉杉品牌提升到与人类生存环境息息相关的高度，从而确定了杉杉企业及品牌在社会中的位置。

杉杉集团的标志以"杉杉"的音译SHANSHAN及象征中国的杉树CHINAFIRS作为设计题材，并将来自大自然的灵感融入设计，其中字母S象征公司有如流水般生生不息，杉树则有节节高升之意。

杉杉标志的色彩规划采用了自然、沉稳的青绿色与象征现代、清新的水蓝色的搭配组合，视觉上的生动力，令人耳目一新，象征杉杉集团的发展如青山绿水般永无止境。

标志结构以两个S作曲线变化，意谓杉杉集团由单一生产西服迈向多元发展。而耸立挺拔的杉树图形，令人一眼看上去即能联想到杉杉从传统到现代的串联，更象征集团创新突破的成长，以实现杉杉创一流世界名牌的企业目的。

(三) 执行：杉杉CI的推广和深化

1. 经过CI整合后的杉杉集团

1994年6月28日，杉杉正式成立集团公司，并召开了盛大的杉杉集团CI标志发表会，向社会公众广泛宣传新的集团标志。同时，通过建立CI走廊和对全体员工进行累计平均8小时的培训，使广大员工深感企业发展即将进入一个新的高峰，集团员工的凝聚力和积极性被进一步调动起来。企业的中短期发展战略因为有了CI工程系统的指导也在紧张地筹划。

1994年6月28日是一个里程碑，它标志着杉杉从品牌期全面进入形象期。在很短的时间内，所有关于杉杉的电视、报纸、灯箱、霓虹灯、广告等都使用了统一的全新的杉杉标志和企业精神用语，专卖店(厅)的外部装潢和内部布置也经过了全面改造，以焕然一新的面貌出

现在消费者面前，企业形象的推广宣传全面启动。

在杉杉吉祥物的命名过程中，社会各界对吉祥物命名征集做出了热烈回应，公司共收到30多万封回信。这种巨大的热情除了公众对成长中的杉杉一向的关注、对杉杉品牌一向信赖的因素外，在很大程度上归因于公众对导入CI之后的杉杉充满了希望并很快接受了焕然一新的杉杉新形象。

在销售方面，杉杉加大了推广企业新形象的力度，通过《专卖店手册》来要求各地的专卖店服务，从顾客走进店门到送顾客离去、从员工到店准备营业到下班离岗都有明确的规定，使全国各地的消费者都能享受到杉杉统一、规范的优质服务。

2．BI行动的开展

杉杉集团经过对VI视觉识别系统的推广之后，在1995年展开了MI统筹下的BI运作，通过一系列有杉杉特色的公益活动提高了杉杉集团投身公益的社会美誉度并增强了品牌形象张力。

1995年3月初，杉杉推出了精心设计的由环环相扣的四个环节组成的BI行动。

第一个环节是3月11日在北京香格里拉饭店举行了以"我们与世纪的早晨同行"为主题的CI发表会，全面、大规模地向公众推介CI开展的成果，同时还进行了体现杉杉理念的时装表演。

第二个环节是当晚杉杉集团和中央电视台联袂推出95植树节大型文艺晚会"我爱这绿色家园"，从而紧扣21世纪的绿化、环保的主题，把投身绿化、关心人类生存作为企业的行为特征向公众告知。

第三个环节是杉杉独家赞助的以绿化为主题的全国性海报张贴以及赠送绿化宣传卡、宣传帽等活动。

第四个环节是在杉杉企业形象策划小组的配合下，杉杉集团在上海、南京、杭州、苏州、青岛、合肥、武汉、南昌、西安等城市的分公司同时推出了"让大地披上绿装"的绿化宣传活动，涉及全国29个省、市、自治区，从而把此次BI行动推向高潮，让更多的人来关心绿化环保问题，让更多的人了解杉杉的企业行为识别特征，从而提升企业形象。

在当下这个竞争的时代，企业如不能鲜明地表达个性特点，不注重与市场、社会保持一种良好的依存和沟通关系难免会落伍。杉杉运用CI战略，依靠鲜明的企业形象与良好的企业行为使得"我们与世界的早晨同行""立马沧海，挑战未来""奉献挚爱，潇洒人间"等企业口号深入人心。

杉杉"绿叶情深"万人签名活动在北京、长沙等几个城市同时成功进行，使更多的潜在消费者记住了杉杉。1995年10月，95国际F1摩托艇大赛在美丽的杭州举行，为了避免在比赛中可能造成的西湖环境污染，杉杉集团捐资50万元成立了"西湖绿化环保基金"，号召全社会都来关心、爱护西湖这一天堂明珠，关心、美化我们共同的生存环境，从而进一步提升了杉杉集团的社会声誉，获得了广泛、良好的口碑。

同时，凭借CI的导入，杉杉还逐步建立起了体现企业理念的经营文化系统。

杉杉在MI的整合下，以绿化环保为切入点，成功地开展了BI行动，极大地优化了企业形象，形成了杉杉特有的经营个性，为杉杉向更高层次的现代化、国际化方向迈进奠定了基础。

(四)解析：CI之于杉杉

杉杉集团充分利用了首都北京这一全国政治、经济、文化中心"居高声远"的独特优势，以及电视、广播、报纸等128家新闻媒体的有力传播，将公司从自身品牌诉求出发投身"绿化环保"这一21世纪重大主题的企业行为特征信息传播给公众，确立了杉杉在社会和公众中的绿化环保代言人的地位，形成了杉杉企业现代、清新、富有社会责任感的良好形象，极大地丰富了杉杉品牌的文化内涵，提高了社会美誉度。

杉杉集团通过客观、系统、科学的CI导入及深化推广活动，使杉杉集团逐步建立起独特的企业经营文化系统，并以此为依托走上了有形资产和无形资产相结合的企业发展道路。据有关权威机构评估，导入CI后杉杉品牌的无形资产价值迅速提高至2.2亿元，成为企业的巨大财富。

导入CI，极大地提高了杉杉品牌的影响力和认知度。据调查资料显示，杉杉集团和品牌的认知率，在华东和华中市场已从1994年年初的50%上升至1995年年末的92%，在华北和东北市场从1994年年初的6%上升至1995年年末的23%左右，这两大原本薄弱的市场得以迅速强化，影响力辐射到更为广泛的西北、西南等市场，从而使杉杉的全国性品牌的地位得以确立。与此同时，杉杉集团的销售额从1993年年末的2.54亿元上升至1994年年末的4.5亿元和1995年年末的8.49亿元，实现了持续、跳跃式发展，体现了杉杉CI的巨大功效。

凭借导入CI的扩张效力，杉杉集团以服装服饰为基础产业，迅速向金融、期货、证券、交通运输、房地产和高新技术等产业拓展，目前已在全国建立分、子公司38家。CI的持续功效使杉杉呈现出更加朝气蓬勃的发展态势。

杉杉集团的CI富有鲜明的民族特色，成为中国CI领域的范例。它标志着中国企业对CI的理解和实践达到了一个新的高度，正如中国纺织总会会长吴文英同志所言："杉杉集团对CI的认识最深刻，实践最为深入、系统、科学，也最为成功。"

1995年10月25日，在北京举行的"21世纪亚洲企业经营文化新设计"暨95北京国际CI大会上，来自亚洲各国各地区的CI专家荟萃北京。

作为与会的三家中国企业代表之一，杉杉集团就本公司CI的导入与运作作了演讲，受到了与会各国各地区CI领域泰斗们的赞赏和肯定。纽约全美平面设计艺术研究院院长、苏黎世世界平面设计联盟国际主席柯林弗贝斯先生这样评价杉杉之CI："作为亚洲企业之新锐，在成功地完成了VI设计的同时，也体现了该领域的系统化、科学化的共同特性，具有鲜明的BI个性特征，表现了亚洲企业在CI领域具有独创性，并逐步趋向成熟。"

 拓展知识

我国导入CI战略的现状

CI(Corporate Identity)直译为"企业识别"或机构识别，CIS则直译为企业识别系统，又有人称之为企业形象设计系统，意即运用视觉设计，将企业的理念与特质予以视觉化、规范化、系统化，以塑造具体的企业形象并强化组织体制上的管理。CI发源于20世纪50年代中期的美国，60年代传入日本。

CI是在20世纪80年代随着改革开放传入中国大陆的。在此之前我们也曾有过相当不错的识别系统设计，如铁路路徽的设计，以工人二字和火车头、铁轨的象征图形构成人民铁路的主题，不仅形象精练、美观，而且寓意深刻、庄重大方，堪称杰作。但是总的来说，80年代以前，我国许多企业对于企业形象，特别是对企业形象识别和形象视觉的统一认识不足，有的企业虽然有标志，但图形缺少个性，多重复和模仿。

20世纪80年代以后，改革开放使我国的经济以惊人的速度发展。市场经济的确立使企业的竞争日趋激烈，而良好的企业形象则可使企业在竞争中处于优势地位。因而，人们努力研究、探索、寻求塑造优秀企业形象、优秀品牌的方法和规律。风靡世界的CI战略也就很快地引入中国。

我国第一家系统、全面地导入CI战略的企业，是以"一枝花"洗衣粉为拳头产品的武汉油脂化学厂。这一系统工程，从1988年8月开始由设计家贺懋华等策划设计，1989年3月转入实施阶段，5月10日在武汉举行新闻发布会，在湖北及全国引起了强烈反响。该厂实施CI计划后产生了显著效果，企业士气上升，经营状况极佳，企业由不景气走向兴旺发达。

1988年，我国第一家以CI战略为经营对象的私营设计机构——广东新境界设计公司成立了。同年它接受了广东太阳神集团的委托，创意、策划、设计了"太阳神"企业CI系统。该公司设计的黑红两色的"太阳神"产品标志产生了令人震惊的视觉效果，并通过大众传媒推出各种公关活动和有特色的系列广告，使得"太阳神"集团迅速提高了企业知名度，在公众中树立了良好的企业形象，赢得了消费者的信任，以惊人速度占领了市场，由一个默默无闻的乡镇小厂迅速崛起，1993年神话般地使营业额超过了12亿元。

1990年北京亚运会期间，"健力宝"的企业形象标志几乎占据了所有的最佳广告空间，虽然付出了1500万元的巨大费用，但不久就在全国糖酒厂交会上获得了8.5亿元订单，销售量比前一年增加了5亿元。1990年广东神州燃气具联合实业公司导入CI后产品销售额从1990年的8000多万元飞跃到1992年的3亿元，并夺得了热水器全国占有率第一名。此外，广东白云山制药总厂、北京蓝岛大厦、郑州亚细亚商场等企业也陆续导入CI战略，取得了成功。

同时我们还应看到，目前我国许多企业尚不能完全适应市场经济环境，企业产权不明晰，政企不分，管理水平低下，企业的营销活动还带有浓厚的计划经济色彩，这使得这些企业效率不高，步履维艰，缺乏竞争力。面对这种状况，企业必须深入改革、强化管理，积极导入CI战略，创造名牌优质产品，创建名牌企业，以迎接我国企业所面临的国际经济的严峻挑战。

思考与练习

1. 怎样根据企业的不同情况选择企业形象导入的最佳时机？
2. 企业形象导入的基本程序是什么？
3. CI的详细操作流程是不是一成不变的？

实训课堂

为"红绿蓝三人行"公司企业形象进行包装和塑造

1. 项目背景

随着社会主义市场经济的不断发展,企业之间的市场竞争越来越激烈,为了更好地提高公司效益,使公司得到持续发展,"红绿蓝三人行"公司决定对企业形象进行塑造。

2. 项目任务

了解什么是VI导入与实施,掌握它的基本程序。

3. 项目分析

企业在导入CI时除了选择好时机外,有针对性地解决企业存在的问题也很重要。企业导入CI是为了迎接信息时代的来临,然而就具体企业的实际情况而言,导入的目的和动机不会完全一致。这是因为每个企业都有自己的特点,每个企业面临的问题都不一样,每个企业的发展进程和每个发展阶段要解决的问题也不一样。所以企业在导入CI之前找准目标和选择时机都是非常重要的,这样可以减少盲目性,最大限度地发挥企业形象的综合效益。

随着社会主义市场经济的不断深化,企业之间的市场竞争逐步从产品质量、价格和服务的竞争发展到企业知名度和影响力的竞争,即企业在广大消费者心目中"形象"优劣的竞争。因此,如何塑造企业形象、怎样以良好的企业形象去争取更大的市场份额就成为越来越多的企业和企业家所关注的焦点,企业形象塑造已经成为当今企业经营战略的重要组成部分。

第六章

企业形象VI的设计原则

学习要点及目标

- 了解和掌握企业形象设计的基本原则。
- 了解如何在设计时体现企业的个性。
- 了解企业造型的设计。
- 了解版面编排模式。

随着社会主义市场经济的不断深入发展，企业之间的市场竞争逐步从产品质量、价格和服务的竞争，发展到企业知名度和影响力之间的竞争，即企业在广大消费者心目中形象优劣之间的竞争。因此，如何塑造企业形象，怎样以良好的企业形象去争取更大的市场份额，成为越来越多的企业和企业家所关注的焦点。企业形象塑造已经成为当今经营战略的重要组成部分。

引导案例

企业CI案例之金悦轩海鲜火锅酒家

金悦轩海鲜火锅酒家以恒久的信念，发扬中国饮食文化，既保持中国烹调传统的精神又注重锐意创新菜式。这就是金悦轩的定位——中式化、酒楼化、人性化的粤菜酒家，喜迎宾客是它的服务宗旨。

金悦轩形象标志设计的构思用活灵活现的"鱼"代表海鲜，同时带出生气、优雅和休闲的饮食气氛，表征广东一带开放的饮食习惯；"鱼"上方的"心"则用以比喻酒家厨师用心、服务员热心及顾客吃得开心的设计理念。"鱼"和"心"都是运用优美的流动性的线条巧妙地结合在一起，用以体现中国传统的烹调精神及现代优越、舒适的饮食环境，淋漓尽致地将金悦轩的服务宗旨传送给大众。如图6-1所示，分别为金悦轩卡片设计、手提袋设计、店面卡片包装设计以及手册设计。

任何设计总是遵循一定的原则和规律而进行的，企业形象设计要遵循哪些设计原则呢？企业形象设计，在版面编排上又要遵循哪些设计原则呢？

(a) 金悦轩卡片设计

图6-1　金悦轩卡片、手提袋等相关设计

第六章 企业形象VI的设计原则

(b) 金悦轩手提袋设计

(c) 金悦轩店面卡片包装设计

图6-1 金悦轩卡片、手提袋等相关设计(续)

(d) 金悦轩手册设计

图6-1　金悦轩卡片、手提袋等相关设计(续)

第一节　CI设计的基本原则

一、同一性

进行CI策划设计必须把握同一性、差异性、民族性、有效性等基本原则。我们只有在设计原则的指导下才能正确地把握设计方向。企业形象是指社会公众和全体员工心中对企业的整体印象和评价，是企业理念行为和个性特征在公众心目中的客观反映。

为了达成企业形象对外传播的一致性与一贯性，应该运用统一设计和统一大众传媒，用完美的视觉一体化设计，将信息与设计个性化、明晰化、有序化，把各种形式传播媒体的形象统一，以便能存储与传播统一的企业理念与视觉形象，这样才能集中与强化企业形象，使信息传播更为迅速有效，给社会大众留下强烈的印象与影响力。

对企业识别的各种要素，从企业理念到视觉要素予以标准化，采用同一的规范设计，对外传播均采用同一的模式，并坚持长期一贯的运用，不轻易进行变动。

要达成统一性，实现CI设计的标准化导向，必须采用简化、统一、系列、通用等手法，对企业形象进行综合的整形。

(一)简化

对设计内容进行提炼,使组织系统在满足推广需要的前提下尽可能条理清晰,层次简明,优化系统结构。例如,在VI系统中构成要素的组合结构必须化繁为简,有利于标准的实施。如图6-2所示为可丽儿化妆品手册设计。

图6-2　可丽儿化妆品手册设计

(二)统一

为了使信息传递具有一致性便于社会大众接受,应该把品牌和形象不统一的因素加以调整,使品牌、企业名称、商标名称尽可能统一,给人以统一的视觉印象。例如,北京牛栏山酒厂出品的花灯牌北京醇酒,厂名、商标、品名极不统一,在中央人民广播电台播出广告时,很难让人一下记住,如把三者统一,信息单纯集中,其传播效果就会大大提高。

(三)系列

对设计对象组合要素的参数、形式、尺寸、结构进行合理的安排与规划。例如,对企业形象战略中的广告、包装系统等进行系列化的处理,使其具有家族式特征和鲜明的识别感。

组合是指将设计基本要素组合成通用性较强的单元,如在VI基础系统中将标志、标准字或象征图形、企业造型等组合成不同形式的单元,可灵活运用于不同的应用系统,也可以规定一些禁止组合规范,以保证传播的统一性。

(四)通用

通用是指设计上必须具有良好的适合性。例如,标志不会因缩小、放大产生视觉上的偏差,线条之间的比例必须适度,如果太密缩小后就会并为一片,要保证大到户外广告、小到名片均有良好的识别效果。

同一性原则的运用能使社会大众对特定的企业形象有个统一完整的认识,不会因为企业形象识别要素的不统一而产生识别上的障碍。因此,同一性原则的运用增强了形象的传播力。

二、差异性

企业形象为了能够获得社会大众的认同,必须是个性化的、与众不同的,因此差异性原则十分重要。如图6-3所示为北京奥运会环境标志。

差异性首先表现在不同行业的区分上,因为在社会大众心目中,不同行业的企业与机构均有其行业的形象和特征,如化妆品企业与机械工业企业的企业形象特征应该是截然不同的。

在设计时必须突出行业特点,才能使其与其他行业有不同的形象特征,有利于识别。其次必须突出与行业其他企业的差别,才能独具风采,脱颖而出。日本享誉世界的五大名牌电器企业:松下、索尼、东芝、三洋、日立,其企业形象均别具一格,十分个性化,有效获得了消费大众的认同,在竞争激烈的世界家电市场上独树一帜,如图6-4所示分别为它们的标志。

图6-3 北京奥运会环境标志

图6-4 松下、索尼、东芝、三洋、日立的公司标志

三、民族性

企业形象的塑造与传播应该依据不同的民族文化，美、日等国许多企业的崛起和成功，民族文化是其根本的驱动力。美国企业文化研究专家特伦斯·迪尔(Terrence Deal)和艾伦·肯尼迪(Allan Kennedy)指出："一个强大的文化几乎是美国企业持续成功的驱动力。"驰名于世的麦当劳和肯德基独具特色的企业形象，展现的就是美国生活方式的快餐文化。

塑造能跻身世界民族之林的中国企业形象，必须弘扬中华民族文化优势，灿烂的中华民族文化，是我们取之不尽、用之不竭的源泉，有许多我们可以吸收的精华，有助于我们创造中华民族特色的企业形象。

四、有效性

有效性是指企业经过策略规划与设计的CI计划能得以有效推行运用，帮助企业解决问题，而不是企业的装扮物。

企业CI计划能够有效地发挥树立良好企业形象的作用。首先在于其策划设计必须根据企业自身的情况、企业市场营销的地位，在推行企业形象战略时确立准确的形象定位，然后依次定位进行发展规划。在这点上，协助企业导入CI计划的机构或个人负有重要职责，一切的一切必须从实际出发，不能迎合企业领导人不切实际的心态。

例如，某一在市场上刚有较好走势但实力并不雄厚的一家企业导入CI计划时，该企业领导人即提出要在五年内进入全国100强企业前几名等过于盲目乐观的规划与想法。如果迎合满足商家这种不正常心态，来构建企业形象战略的架构，其有效性将大打折扣。

企业在准备导入CI计划时，能否选择真正具有策划设计实力的机构或个人，对CI计划的有效性也是十分关键的。CI策划设计是企业发展所必需的一笔软投资，是一项十分复杂而耗时的系统工程，是需要很大投入的。

例如，某一家乳制品企业在谈及CI战略时，公司企业领导已经认同，但最后因为设计费用超出预算太多未能合作，后来该企业花极低的费用找了一家广告公司，推出的标志、吉祥物等企业形象要素水平十分低劣，这对企业形象设计的有效性造成很大的负面影响。

要保证CI计划的有效性，一个十分重要的因素是企业主管要有良好的现代经营意识，对企业形象战略也有一定的了解，并能尊重专业CI设计机构或专家的意见和建议。因为没有相当的投入，无法找到具有实力的高水准的机构与个人。

而后期的CI战略推广更要投入巨大费用，如果企业领导在导入CI计划的必要性上没有十分清晰的认识，不能坚持推行，那么前期的策划设计方案就会失去其有效性，变得毫无价值。

五、象征性

在视觉识别系统中，象征图形是作为一种附属的、辅助的要素出现的，配合标志、标准字、标准色、企业造型等基本要求而被广泛灵活地运用，有着不可忽略的功能作用。

在识别系统中，除了企业标志、标准字、企业造型外，具有适应性的象征图案，也经常运用。象征图案又称装饰花边，是视觉识别设计要素的延伸和发展，与标志、标准字体、标准色保持宾主、互补、衬托的关系，是设计要素中的辅助符号，主要适用于各种宣传媒体装饰画面,可以加强企业形象的诉求力。视觉识别设计的意义更丰富,更具完整性和识别性。

象征图形与视觉传达设计系统中的基本要素是一种从与主的关系,以配合设计的展开运用。作为带有一种线或面的视觉特征设计要素,往往能与具有点的特征的标志、标准字、企业造型等基本要素,在画面上形成主次、强弱、大小等对比呼应关系,丰富与强化画面的视觉传达效果,增强了视觉传达的力度与感召力。如图6-5所示为德雅方舟公司的标志。

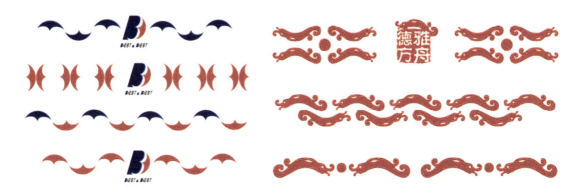

图6-5　德雅方舟公司标志

(一)象征图形的功能

象征图形在设计运用上主要包含如下三类功能。

1. 强化企业形象的诉求力

作为一种辅助与补充的设计要素,象征图形能以其丰富的多样性和能够灵活运用的造型符号,补充企业标志、标准字等,更有效地增强企业形象的诉求力,使其内涵与表现更趋于完整,更易于人识别。

2. 扩展设计要素的适应性

利用象征图形作为设计的辅助要素,有利于设计扩展的变化,增加了基本要素运用时的适应性与灵活性,有助于设计表现幅度与深度的推进。

3. 增强画面的视觉律动感

由象征图形变化能衍生出富有趣味性的律动感,能强化画面的视觉冲击力,产生良好的诱导效果,增强审美情趣和亲切感。

由于象征图形具有以上突出的功能,其积极作用日益为人们所认识,因此其扮演的角色有越来越重要的趋势。象征图形多采用圆点、直线、方块、三角、条文、星型、色面等单纯造型作为单位基本型,可根据设计作业上的需要,进行多样的排列组合变化,产生丰富多样、富有情趣的构成形态,给人以不同的视觉感受。象征图案的设计表现不仅富有弹性,有广大的表现空间,而且有强烈的识别性,有利于树立独特的企业形象。

(二)象征图形的设计与开发

象征图形的设计可由以下两个部分来进行开发。

(1) 以企业标识衍生变化作延伸的表现，可做增加数量、曲线、渐层等演化。
(2) 重新设计具有个性的造型符号，进行一定限度的延伸变化。

象征图形确定后，需要确定它与其他基本要素的组合规范，以便应用到需要设计的传播媒体，以创造统一而系统的企业形象。一般而言，象征图案具有如下几个特性。
(1) 能烘托形象的诉求力，使标志、标准字体的意义更具完整性，易于识别。
(2) 能增加设计要素的适应性，使所有的设计要素更加具有设计表现力。
(3) 能强化视觉冲击力，使画面效果富有感染力，最大限度地创造视觉诱导效果。

然而，不是所有的企业形象识别系统都能开发出理想的象征图案。有的标志、标准字体本身已具备了画面的效果，那么象征图案就失去了积极意义，这种情况下使用标准色丰富视觉形象更理想。

象征图形的设计是为了适应各种宣传媒体的需要而设计的，但是，应用设计项目种类繁多，形式千差万别，画面大小变化无常，这就需要象征图形的造型设计是一个富有弹性的符号，能随着媒介物的不同，或者是版面面积的大小变化作适度的调整和变化，而不是一成不变的定型图案。

第二节　企 业 造 型

企业造型(吉祥物)是为了塑造企业识别的特定的造型符号，它的目的在于运用形象化的图形，强化企业性格，表达产品和服务的特质。

企业造型的功能有两个方面，首先它具有企业标志的作用，是企业标志在新的市场竞争形势下的演化与延伸，可以说是企业的第二标志；其次是具有补充企业标志说明性质的作用，作为一个企业或产品代表性或象征性的角色形象，它能直接转化消费者对企业人事的印象，有利于企业形象个性化的确立。

企业造型作为象征企业产品的漫画性的人物、动物及非生命物，它兼有标志、品牌、画面模特、推销宣传各方面的角色。它犹如一位友好使者密切地联系着企业与消费者，使消费大众看到了角色，便立即联想到相关企业与产品，进而受到角色活动的影响，建立起对企业和产品的良好印象。

企业造型的设定，必须理性地分析企业文化、企业的品格、品牌的印象或产品的特质并以确立的企业形象定位为基准，然后再决定设计的方向，选择设计的题材，来设计与企业或产品身份相吻合的企业造型。例如，女性用品应表现温柔高雅的风情万千，故宜选择艳丽纤巧的植物或体态乖巧的小动物；男性用品应表现坚毅粗犷的阳刚之气，故宜选择充满力量、速度敏捷的动物。

企业造型的设计方向，可由以下三个方面确定。

一、故事性

在设计企业造型时可以从流传民间家喻户晓深入人心的童话、神话故事或民间传说中，选择个性特征突出的角色。英国TLT海运公司选择英国家喻户晓的威丁顿与猫作为企业造型。孤儿迪克·威丁顿是英国童话中的人物，在航海途中，遇到群鼠袭击，幸好他靠随身携带的猫根治了老鼠。孤儿水手与猫漂泊流浪、机智勇敢的形象，十分巧妙地体现了TLT 海运公司的企业精神。日本运动港体育用品公司选择广为流传、世人皆知的龟兔赛跑中的龟兔为企业形象，龟兔角逐的故事性用于角逐竞技的公司经营内涵十分贴切。如图6-6所示为运动港体育用品公司的吉祥物形象。

图6-6　运动港体育用品公司的吉祥物形象

二、历史性

人类都有一种眷恋历史、缅怀过去的情怀，以历史性确定企业造型设计方向，可以表示历史悠久的传统文化，经典名牌的权威性。例如，美国肯德基公司即以创始者山德斯的肖像为企业造型，以显示祖传配方的独特风格(见图6-7)。日本国立歌剧院以翩翩起舞的霓裳仙女为企业造型，仙女外绕六瓣花朵，象征"六吕"音律，有机地与企业业务内容联系在一起，还体现出浓郁的东方文化色彩。

图6-7　肯德基的企业造型

三、材料性

以企业经营的内容或产品制造的材料为企业造型的设计方向。例如，英国瓦特涅斯酒业公司的企业造型"轮胎汉"是将轮胎进行拟人演变而成的。

动植物的造型使用不同习性的动植物再赋予其特定的姿态动作，传达独特的理念。享誉世界的体育运动即采取这种设计方向。如图6-8所示为2008年北京残奥会的吉祥物。

图6-8　2008年北京残奥会吉祥物

企业造型的表现基本上可分为具象的和半具象的两大类。

(一) 具象的企业造型

以具象的自然性做写实性的表现，容易让人感到亲切，人们乐于接受与喜爱，在企业造型表现中占主导地位。具象的企业造型从题材上又可分为人物、动物、拟人化和联想形四种表现形式。

1. 人物类企业造型

这是在企业造型中使用最多的一种形式。例如，受人欢迎的电视节目人物铁臂阿童木就是本明治制国企业的企业造型，在日本为消费大众所熟知的企业造型尚有朝日啤酒的霍希先生、松下电器的魔术大叔、桃屋食品的三木教平、辛托利饮料的托利大叔等。如图6-9所示为日本著名企业卡通人物造型设计。

图6-9　卡通人物造型设计

2. 动物类企业造型

选择人们所宠爱的某些动物，强化其令人喜爱的形态特征和个性，使之成为人们理解欢迎的角色形象。设计十分成功的动物企业造型，有美国迪士尼的唐老鸭、日本三洋电器的松树小姐、三菱空调机的河狸、中外制药的小鳄鱼等。

3. 产品拟人化企业造型

把特定的产品赋予人的个性，突出产品所具有的特性，并使用个性化的腔调，以加深消费大众对产品和企业的印象。个性突出令人印象深刻的产品和拟人化企业造型，有日本资生堂牙膏的珍珠姐，家庭食品工业快餐面的蛋兄，电信电话公司的长途电话小子等。

4. 联想形企业造型

根据对企业名称或标志以及有关物质材料的联想而创造的企业造型，使人能很快联想到相关产品企业。如图6-10所示为日本大众所喜爱的动物卡通造型设计。

图6-10　动物卡通造型设计

（二）半具象的企业造型

将具象形象高度简化进行抽象处理，做一种意向性表现。这种表现个性突出，随意性强，能更自由地表达意念，给人印象深刻、记忆度更高。

2007年12月18日晚8点，万众瞩目的2010年上海世博会吉祥物"海宝"终于掀开了神秘面纱，蓝色"人"字的吉祥物可爱造型让所有人耳目一新。如图6-11所示为吉祥物"海宝"的造型。

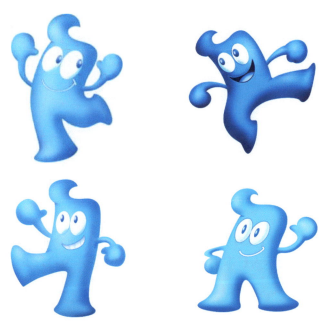

图6-11　2010年上海世博会吉祥物"海宝"

主体形象以汉字的"人"作为核心创意，既反映了中国文化的特色，又呼应了上海世博会会徽的设计理念。在国际大型活动吉祥物设计中率先使用文字作为吉祥物设计的创意，是一次创新，"海宝"从头到脚都充满了含义。

(1) 头发：像翻卷的海浪，显得活泼有个性，点明了吉祥物出生地的区域特征和生命来源。

(2) 脸部：卡通化的简约表情，友好而充满自信。

(3) 眼睛：大大、圆圆的眼睛，对未来城市充满期待。

(4) 蓝色：充满包容性、想象力，象征充满发展希望和潜力的中国。

(5) 身体：圆润的身体，展示着和谐生活的美好感受，可爱而俏皮。

(6) 拳头：竖起拇指，是对全世界朋友的赞许和欢迎。

(7) 大脚：稳固地站立在地面上，成为热情张开的双臂的有力支撑，预示中国有能力、有决心办好世博会。

"人"字互相支撑的结构也揭示了美好生活要靠你我共创的理念。只有全世界的"人"相互支撑，人与自然、人与社会、人与人之间和谐相处，这样的城市才会生活得更加美好。"人"字创意造型依靠上海世博会的传播平台，必将成为中国上海世博会的吉祥符号和文化标志。

1．名字由来

中国2010年上海世博会吉祥物的名字叫"海宝(HAIBAO)"，意即"四海之宝"。"海宝"的名字朗朗上口，也和它身体的色彩呼应，符合中国民俗的吉祥称谓原则。"海宝"的名字与吉祥物的形象密不可分，寓意吉祥。海宝是中国2010年上海世博会的形象大使，他正用热情的双臂、自信的微笑欢迎来自全球各地的朋友们。

2．主题体现

人、城市和地球三个有机系统环环相扣，这种关系贯穿了城市发展的历程。吉祥物"海宝"以"人"为基础，将城市和地球联系于一身。

城市由人类最初的聚居地演化而来，它不断地演进和成长为一个有机系统。人是这个有机系统中最具活力和最富有创新能力的细胞。人的生活与城市的形态和发展密切互动。随着城市化进程的加速，城市的有机系统与地球大生物圈和资源体系之间相互作用也日益深入，日益扩展。人、城市和地球三个有机系统环环相扣，这种关系贯穿了城市发展的历程，三者也将在未来日益融合成为一个不可分割的整体。

人是城市的细胞，又是城市的灵魂——人赋予城市文化、性格和创造力。随着城市化进程的加速，越来越多的人成为"城市人"。城市人口与日俱增，也更具多样性。同时，城市之外的人们生活也不可避免地受到城市化进程的影响。城市需要为人类的生存质量创造条件，城市也应该成为人类创新和创造的温床。

不同城市的构造和内部网络既有共性也有独特性。了解城市系统的运作和发展规律，建设健康、可持续的城市结构和网络，是城市是否宜居和具备长久活力的前提。这取决于人对城市系统特性和发展规律的了解，以及在日常生活、建设、开发和管理中的理性行为。

人始终是推进城市发展的核心,是城市化进程中最具创造性的主体。人既是美好生活的创造者,也是美好生活的体验者。上海世博会吉祥物的设计正是从主题演绎的角度出发,创造性地选用了汉字的"人"作为创意点。而吉祥物的蓝色则表现了地球、梦想、海洋、未来、科技等元素,符合上海世博会"城市,让生活更美好"的主题。

吉祥物整体形象结构简洁、信息单纯、便于记忆、易于传播。虽然只有一个,但通过动作演绎、服装变化,可以千变万化,形态各异,展现多种风采。"上善若水",水是生命的源泉,吉祥物的主形态是水,它的颜色是海一样的蓝色,表明了中国融入世界、拥抱世界的崭新姿态。

海宝体现了"人"对城市多元文化融合的理想;体现了"人"对经济繁荣、环境可持续发展建设的赞颂;体现了"人"对城市科技创新、对发展的无限可能的期盼;也体现了"人"对城市社区重塑的心愿;它还体现着"人"心中城市与乡村共同繁荣的愿景。海宝是对五彩缤纷生活的向往,对五光十色生命的祝福,也是中国上海对来自五湖四海朋友的热情邀约。

3. 专家解密

(1) 金定海:"海宝"意涵"上善若水,海纳百川"。

上海师范大学人文与传播学院副院长金定海在接受东方网记者采访时表示,"海宝"是上海的宝贝,也是四海之宝,意涵"上善若水,海纳百川"。金定海说,吉祥物作为一种文化象征,应该具备可传播性、可识别性、可应用性。2010年上海世博会的主题是"城市,让生活更美好",其真正的核心还是"人"。吉祥物以此为设计思想,将汉字的"人"字,重新塑形,卡通化。

金定海还说,在形象与理念的结合上,人、水、海(声音、形象和海水蓝)一体,精准传神,简单、灵动、可爱,适合不同媒体和不同环境的应用,传播性、识别性、应用性都很强。这是海宝吉祥物的魅力所在。"形"的力量在于"象"的领悟。

(2) 高峻:"海宝"既是世界的也是中国的。

梅高广告有限公司董事长高峻曾参与上海世博会吉祥物的专家论证研讨工作,对于刚刚揭晓的吉祥物,高峻赞赏有加。高峻说这个吉祥物形象既体现了国际性又彰显了中国特色。

提起吉祥物国际性的形象,高峻说:"所谓国际的,世界的,简单地说就是世界上任何一个国家的人,看到这个吉祥物都能看得懂,而且觉得亲切生动。至于中国特色,就是吉祥物的核心元素一定是中国的,一定要符合中国气质。"

(3) 杜华林:"海宝"形象简约、时尚、现代、可爱。

"简约""时尚""现代""自然""可爱""活泼""轻松"……深圳市设计联合会常务副会长杜华林谈到2010年上海世博会吉祥物时,用了一连串形象词。

"这个形象感觉很好,我很满意。"杜华林告诉东方网记者,"作为吉祥物首先要做到寓意准确,这个海宝吉祥物体现了城市和人的主题,蓝色主调也体现了上海沿海城市的特色。其次,这个吉祥物具备了较高的审美性,简约、时尚、现代、亲切、可爱,这些都是这个吉祥物的特点。"杜华林还表示,吉祥物简约的造型还为商业运作、宣传推广提供了有利条件。

（三）企业造型设计准则

1．关联性

企业造型的形象与性格必须与企业和产品有关联并吻合在一起，这样才能和谐自然，有助于建立独具个性的企业形象。

2．个性化

有与众不同的鲜明个性，在造型、风格和气质上都独具特色，别具一格，具有很强的识别感。

3．情感性

让人有亲切感，赋予浓郁的人情味，可爱有趣，具有某种情感与气质，平易近人，使人喜爱，乐于接受。

4．定型化

企业造型虽然可以做一定的延伸变化，但也应与标志一样具有稳定的形态特征，不能随意加以改变。

5．好名字

取名要别致有趣，富有人情味，能给人以深刻的印象并便于记忆，使人见到名字便立即能想到相关企业和产品。

6．夸张的表现

在设计时要对企业造型的形态和表情给予适度的夸张变形处理，使其气质特征更加鲜明突出。

7．简洁的造型

在造型上要进行高度概括提炼，尽可能单纯化，使企业造型的个性更加突出，同时也便于人们识别记忆。如图6-12所示为卡通造型设计图。

图6-12　优秀卡通造型设计示意图

拓展知识

标志在企业品牌形象中的重要意义

标志是一种独特的传送方式。虽然语言和文字传送的手段已十分发达，但标志这种令公众一目了然，效应快捷，并且不受不同民族、国家语言文字束缚的直观传送方式，仍然是任何传送方式都无法替代的。它作为人类直观联系的特殊方式，不但在社会活动与生产活动中无处不在，成为视觉传送最有效的手段之一，更成为人类共同的一种直观联系工具。在媒体技术的支持和驱动下，传统的设计正经受前所未有的剧烈冲击和挑战，标志设计进入了新的革命和转型期。

标志作为视觉传播的核心形象，应主动巧妙地承担起传播主题内涵的任务。人类社会的不断发展，为标志的应用开辟了广阔的领域。在现代营销中标志是实现沟通的重要工具之一，激烈的市场竞争、VI战略的推进、品牌企业与品牌产业的创造把标志推进到了一个新的发展阶段，标志不再仅是依附于产品的识别符号，它超越了传统，成为表达企业文化与经营理念的载体。

标志设计通过造型简洁、明晰易记的视觉符号来承担传播企业主题内涵的任务，并将企业文化、经营理念、品牌形象等要素，传递给消费大众，使消费者识别和认同企业的图案和文字并最终使企业收到由社会效益转化而来的经济效益。

在企业形象传递过程中，标志将企业文化、经营理念、品牌形象、企业特性、经营内容、企业规模等要素，传递给消费大众，使之代表企业全体视觉形象的核心，构成企业形象的基本特征，体现企业的内在素质。

第三节　版面编排模式

版面编排模式是指在平面设计的版面上塑造统一性的设计形式，是一种具有差别化、风格化的编排模式。它不仅创造引人注目的吸引力，而且对企业形象有强烈的识别性，因此逐渐成为设计家重视的设计要素。在视觉识别系统中规划一套统一性、系统化并富有延伸性的编排模式，已成为当今各大企业规划视觉识别计划的重点。

规划版面编排模式，首先要了解、把握企业识别系统基本要求的组合系统，根据组合系统的规定，在增添标题、标题字、文案内容的空间，试作各种排列组合，最后确定富有延伸性的编排模式。如图6-13所示为根据组合要求对版面的规划设计。

根据应用的需要，设计各种不同的模式，以满足实务的操作，如报纸报告必须设计横、竖两种模式。对于尺寸特殊的平面媒体设计，尚需要根据特殊规格设计特定的版面模式。版面编排模式确定后，为方便应用制作，需要绘制结构图以统一规范。版面编排模式的结构图必须标明尺寸，标出各种构成要素(标志、标准字、企业名、插图、标题字、文案内容等)在版面上的空间位置。一般的版面包括天头、版心、地脚三大部分，编排的内容要素包括视觉识别系统中的基本要素组合、正文(文字和图)、企业造型等，它们处于版面的不同位置。

图6-13 版面规划设计

企业视觉识别基本要素的组合方式,是指根据具体媒体的规格与排列方向而设计的横排、竖排、大小、方向等不同形式的组合方式。基本要素组合的内容有以下两种。

(1) 使目标从其背景或周围要素中脱离出来而设定的空间最小规定值。

(2) 企业标志同其他要素之间的比例尺寸、间距方向、位置关系等。

标志同其他要素的组合方式,常用以下几种形式。

(1) 标志同企业中文名称或简称的组合。

(2) 标志同品牌名称的组合。

(3) 标志同企业英文名称全称或简称的组合。

(4) 标志同企业名称或品牌名称及企业造型的组合。

(5) 标志同企业名称或品牌名称及企业宣传口号、广告语等的组合。

(6) 标志同企业名称及地址、电话号码等资讯的组合。

思考与练习

1. 如何体现企业形象的设计原则?
2. 怎样在遵守企业形象设计原则的基础上体现企业形象的差异性?

制作信笺、信封、标牌

1. 项目背景

"上海顺发电器"公司是一家规模逐渐扩大的企业,为进一步增强企业的影响力,他们请"红绿蓝三人行"广告公司制作企业的信笺、信封、标牌。

2. 项目任务

了解信笺、信封、标牌的制作要素,结合"上海顺发电器"公司的企业性质,制作具有特色的作品。

3. 项目分析

要完成"上海顺发电器"公司信笺、信封、标牌的设计,首先要了解信笺、信封、标牌的制作要素,结合公司的理念、经营属性,在字体、颜色和形式感方面进行一定的设计。选择合适的字体,通过字距和形式感的视觉设计,设计出符合"上海顺发电器"公司性质的信笺、信封、标牌。

第七章

企业形象VI的设计程序

学习要点及目标

- 了解企业形象设计的程序。
- 了解企业标志、标准字、标准色、象征图案和企业造型等设计表现形式。
- 掌握企业标志、标准字、标准色、象征图案和企业造型等设计方法。
- 了解企业形象应用系统的开发。

所谓VI就是通过视觉来统一企业的形象，将企业的经营理念与精神文化，运用整体视觉传达系统，有组织、有计划、准确、快捷地传达出来，并贯穿于企业的经营行为之中。它可以使企业的精神、经营策略等主体性内容，通过视觉传达的方式，传达给企业内部与社会大众，并使其对企业产生一致的认同感或价值观。

在今天，VI形象的识别系统早已从单纯的视觉传达设计演变成了一种企业形象的传播策略。现实生活中的CI策划比比皆是，可口可乐、SONY、IBM、壳牌、麦当劳等便是其中的佼佼者。

引导案例

企业VI之有限公司标志设计

品牌理念

典尚装饰以"塑造卓越，走向世界"为理念，公司以完整的管理体系、灵活的服务模式、负责化的全面维护、专业深化的能力、长期合作的态度成为装饰设计的领导品牌。

艺术构思

典尚装饰品牌标志以房屋造型为创作意念，配合阳光的最直观外形作为标志的造型基础，易于视觉识别。设计上以简洁明快的风格，构成强烈的视觉冲击力。如图7-1所示为典尚装饰的标志和标准字设计。

图7-1　典尚装饰标志和典尚装饰旗

第七章　企业形象VI的设计程序

品牌形象

典尚装饰品牌标志以亮黄色代表阳光，展现企业蓬勃向上发展的朝气、热忱服务的经营理念、坚强的企业实力；深蓝色表现温馨的房屋，个性鲜明；深蓝与黄的搭配，大胆、醒目，极富现代感。

企业标志是现代经济的产物，它不同于古代的印记，现代标志承载着企业的无形资产，是企业综合信息传递的媒介。标志作为企业CI战略的最主要部分，在企业形象传递过程中，是应用最广泛、出现频率最高，同时也是最关键的元素。如图7-2所示为典尚装饰的手册。

图7-2　典尚装饰企业办公用品、宣传册和车

企业形象的设计一般包括标志设计、标准字设计、标准色设计，它们构成了企业VI的基础要素。下面首先介绍标志、标准字、标准色三个基础要素设计，然后介绍企业VI应用要素设计，最后介绍一些企业形象VI设计的新领域。

第一节　企业标志设计

企业标志承载着企业的无形资产，是企业综合信息传递的媒介。企业强大的整体实力、完善的管理机制、优质的产品和服务，都被涵盖于标志中，标志通过不断的刺激和反复刻画深深留在受众的心中。如图7-3所示为劳力士、花花公子、锐步和阿迪达斯企业的标志设计。

(a) 劳力士标志

(b) 花花公子标志

(c) 锐步标志

(d) 阿迪达斯标志

图7-3　劳力士、花花公子、锐步和阿迪达斯的标志

企业标志是指代表企业特征、个性和形象的特定造型、图案、符号、色彩或其他设计，是企业的代表和象征，借此人们可以识别、区别企业。在企业识别系统的视觉设计要素中，应用最广泛、出现频率最高者首推企业标志。

企业标志不仅是所有视觉要素中的主导力量，也是统一所有视觉要素的核心。更重要的是标志在消费者的心目中是企业品牌的统一物，集中表现了企业的特征和商品的外部形象。如图7-4所示为雅芳和百事可乐企业的标志。

(a) 雅芳公司标志

(b) 百事可乐公司标志

图7-4　雅芳和百事可乐的标志

一、企业标志与商标

信号、符号、标志、商标均属于系统性的视觉语言，通过各种各样的媒介，传达事物及现象的象征意义。

信号、符号是指某种知觉的刺激，能使人联想到某个与之相对应的事物和现象的称为符号。例如，烟上升联想到着火了。信号是一种连锁事物本身特征的刺激，用来替代该事物。

符号所能代表的范围很广,例如,代表事务、代表状态、代表行为,甚至也能代表其他符号。而这种超越事务本身的特征用作刺激的符号也有多种,其中最主要的有以下几类。

(1) 形象:包括文字、数字、音符及各种图形等。

(2) 声音:包括人类的口语、音乐动物的鸣叫、自然现象变化时发出的声音(雷声、风声、雨声、水声)以及人们制造出来的各种声音等。

(3) 光与颜色:包括表示某种含义的灯光(如交通信号灯),各种旗帜、图案、地图、徽章甚至一些涉及作品的颜色,都是表示某种特殊含义的。光与色的配合构成各种符号的变化,也是常见的事。

(4) 动作:包括姿态手势、面部表情、手势动作(摆头摇手)等,动作符号多半用来辅助语言的不足或者用以代替语言。例如,乐队指挥、交警指挥、哑剧、戏剧等都是用动作来代替说话或以动作辅助语言的表达。

二、标志或象征标志

标志或象征标志主要是以特定明确的造型、图案、文字、色彩来表示某种事物和象征某种事物的。它不仅具有作为事物存在的象征性,而且包括了目的、内容、性质的总体表现。标志就是将事物对象抽象的精神内涵以具体可见的形象表现出来。如图7-5所示为亚述视觉的标志。

图7-5 亚述视觉的标志

三、商标

商标是由文字、字母、图形、符号及其组合所构成的,用以区别不同生产者、经营者或劳务的提供者。商标使用对象或标志物是商品或劳务,其构成要素是文字、字母或图形符号及其组合,使用商标的目的是使不同的厂商提供的商品和劳务互相区别,不至于产生混淆。如图7-6所示为黑眼睛服饰公司和菲亚特汽车的标志。

(a) 黑眼睛服饰公司标志　　　　　　(b) 菲亚特汽车的标志

图7-6 黑眼睛服饰公司和菲亚特汽车的标志

四、企业标志

企业标志是从事生产或经营活动的经营者的标志。企业标志通过造型单纯、含义明确、统一标准的视觉符号，将企业的理念、企业的规模、经营内容、产品的性质等同时传递给社会公众，使之识别和认同企业的图案和文字。如图7-7所示的一些企业标志分别为源和矿产、淮北日报、中华奥运小记者、淮北日报英文版的标志。

(a) 源和矿产的标志　　　　　　　(b) 淮北日报的标志

(c) 中华奥运小记者的标志　　　　(d) 淮北日报英文版的标志

图7-7　企业标志

五、企业标志和商标的不同作用和功能

企业标志和商标的区别如下。
(1) 商标用来区别产品，企业标志用来区别企业。
(2) 商标与特定的商品联系而存在；企业标志则与商品的生产者或经营者相联系而存在。
(3) 商标具有时效性(即有效期)；企业标志则与企业本身有关。
(4) 商标的效力范围大，而企业的标志却具有一定的区域性特征。

随着社会信息的日益繁杂和庞大，企业日益重视企业形象和商标的统一化和形象化，以便于识别。两者合二为一，可通过著名商标扩大企业形象知名度，提升企业形象；而企业形象的提高，反过来又可以增加商标形象的美誉度和依赖感，同时还可以促进新的商品进入市场，产生良性循环，便于企业立于不败之地。

因此，在企业创办之初，当务之急是设计一个符合企业经营理念或产品内容的企业标志。而组织健全、制度完善的企业，更是针对企业的独特功能，以企业标志为中心，建立一套完整的企业形象视觉识别计划，借以发挥设计的综合力量并衍生为经营战略的工具。这就是日本设计界所谓的经济战略的设计统合。

六、企业标志的特点

企业标志和其他标志一样,有其共性的一面。但基于自身的特点,又独具个性,主要有以下几个方面。

（一）识别性

识别性是企业标志的基本功能,借助独具个性的标志来区别本企业及其产品的识别力,是现代企业市场竞争的"利器"。因此,通过整体规划和设计的视觉符号,必须具有独特的个性和强烈的冲击力。在CI设计中,标志是最具有企业视觉认知、识别和信息传达功能的设计要素。如图7-8所示为肯德基的标志。

图7-8　肯德基的标志

（二）领导性

企业标志是企业视觉传达要素的核心,也是企业开展信息传达的主导力量。标志的领导地位是企业经营理念和经营活动的集中表现,贯穿和应用于企业的所有相关活动中,不仅具有权威性,而且还体现在视觉要素的一体化和多样性上,其他视觉要素都是以标志构成整体为中心而展开的。如图7-9所示为中央电视台的标志。

（三）同一性

标志代表着企业的经营理念、企业的文化特色、企业的规模、经营的内容和特点,是企业精神的具体象征。因此,可以说社会大众对于标志的认同等于对企业的认同。只有企业的经营内容或企业的实态与外部象征——企业标志相一致时,才有可能获得社会大众的一致认同。如图7-10所示为福京源企业的标志。

图7-9　中央电视台的标志　　　　图7-10　福京源的标志

（四）造型性

企业标志设计表现的题材和形式丰富多彩,如中外文字体、具体图案、抽象符号、几何图形等,因此标志造型变化就显得格外活泼生动。标志图形的优劣,不仅决定了标志传达企业情况的效力,而且会影响到消费者对商品品质的信心与企业形象的认同。如图7-11所示为各种造型的企业标志示例。

(a) 数字标志示例

(b) 几何图形标志示例

(c) 字母标志示例

(d) 抽象符号标志示例

图7-11　各种造型的企业标志示例

（五）延展性

企业标志是应用最为广泛，出现频率最高的视觉传达要素，必须在各种传播媒体上广泛应用。标志图形要针对印刷方式、制作工艺技术、材料质地和应用项目的不同，采用多种对

第七章 企业形象VI的设计程序

应性和延展性的变体设计，以产生切合、适宜的效果与表现。如图7-12所示为企业标志的同一元素不同颜色的延展性设计。

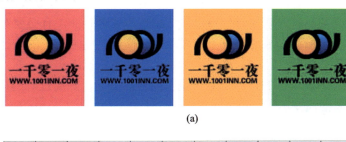

(a)

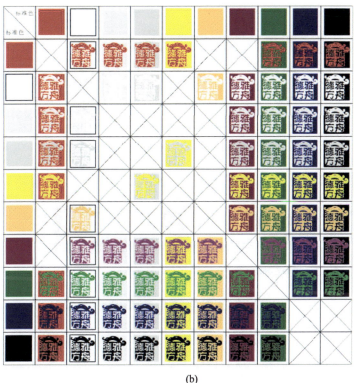

(b)

图7-12 同一元素不同颜色的延展性设计

（六）系统性

企业标志一旦确定，随之就应展开标志的精致化作业，其中包括标志与其他基本设计要素的组合规定。目的是对未来标志的应用进行规划，达到系统化、规范化、标准化的科学管理。从而提高设计作业的效率，保持一定的设计水平。此外，当视觉结构走向多样化的时候，可以用强有力的标志来统一各关系企业，采用同一标志不同色彩、同一外形不同图案或同一标志图案不同结构方式，来强化关系企业的系统化精神。如图7-13所示为2008年奥运会的标志。

图7-13 2008年奥运会的标志

(七) 时代性

现代企业面对发展迅速的社会，日新月异的生活和意识形态，以及日益激烈的市场竞争形势，其标志形态必须具有鲜明的时代特征。特别是许多老企业，有必要对现有标志形象进行检讨和改进，在保留旧有形象的基础上，采取清新简洁、明晰易记的设计形式，这样才能使企业的标志具有鲜明的时代特征。通常，标志形象的更新以十年为一期，它代表着企业求新求变、勇于创造、追求卓越的精神，避免企业的日益僵化、陈腐过时的形象。如图7-14所示为壳牌润滑油标志的演变历程。

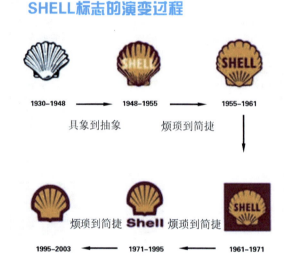

图7-14 壳牌润滑油标志的演变历程

(八) 其他

除上述特点外，标志与商品、服务的关系也是互为因果、相互作用的。优良的商品和服务强化了标志的权威性，会增加商品的信赖感。或者说标志比商品更早一步建立信誉，促成商品的信赖感。所以新建立的企业更应注意慎重地对待企业的标志设计工作。

七、企业标志的分类

(一) 依功能分类

企业标志依功能分类可以分为两种：一种是企业标志等于商标；另一种是企业标志不等于商标。

(1) 企业标志等于商标。在现代企业中，采用统一化战略的很多，是为了争取同步扩散，强化印象，建立权威性和信赖感。企业的传播力度、效率及经济性会很高。一般而言，规模较大、组织健全、知名度高的企业大都采取这一种方式。

(2) 企业标志不等于企业的商标。此种情况是现代企业经营策略和市场行销状态的需要。

许多企业依据国际化经营、多元化经营、市场占有率来提升企业形象保护作用的需要。采取这一战略商标的独立性可以使企业在开发新产品、新品种及在市场竞争的份额中各个击破，非常主动，如可口可乐、芬达、雪碧等。

在着手进行企业标志设计之前，只有认真地考虑企业与品牌的关系，才可能预先规划适合自己整体利益的设计方案。

（二）根据造型特色分类

根据造型特色分类主要有具象的、抽象的、抽象和具象结合的三大类。具象的往往是经过修饰、简化、概括、夸张过的具体图像。由于使用目的、应用场合、传播条件的客观要求，即使是使用具象的企业标志也应该非常简练大方、易于识别记忆。如图7-15所示为不同的具象标志示例。

花花公子

吉拉尔小巴士

图7-15　不同的具象标志示例

抽象标志一般以点、线、面、体为造型要素进行设计，抽象标志多为几何形、有机形、无机形。抽象标志有较好的视觉效果和传播应用方便性的特点，但理解上有不正确性，只有在综合的宣传条件下赋予其含义，才能达到其识别、记忆以及和企业统一的功能。如图7-16所示为不同抽象造型标志设计。

图7-16　不同抽象造型的标志示例

抽象与具象结合，不仅有具象标志和抽象标志的优点，而且也改善了它们的缺陷。如果设计手法高明则可以产生优秀标志。如图7-17所示为优秀的抽象与具象相结合的标志示例。

（三）根据造型要素分类

造型要素本身就具有独特的造型意义，可增强标志设计的表现力，还能强化企业理念的鲜明性或传递企业产品内容的特征。因此，在设计中可根据涉及对象特性设计的表现重点，选择合适的造型要素，以创造具有独特个性的标志。

图7-17 抽象与具象相结合的标志示例

1. 以点作为基本要素

点是基本的设计要素。点具有延展性，适合于各种构成原理和表现形式的应用。可以由点的大小、形状差异、位置疏密、距离远近构成空间和透视近似和渐变、节奏和韵律等多种视觉形态，以及几何点的理性和有机点的自然性。

企业标志设计中常用圆点造型，特别是用于表现现代科技高速发展，如电脑、咨询、电信业的现代化特点。圆点具有极强的表现力。如图7-18所示为以点为基本要素的标志示例。

图7-18 以点为基本要素的标志示例

2. 以线作为基本要素

线是一种超常的形象，类型很多。人类对线的认识异常丰富，对线的表现力及探索也很成熟，各种抑扬顿挫、粗细疏密的线不仅能表达各种形体，而且能表达人们丰富的思想感情，中国的线描十八法即为例证。直线的方向性、速度感，曲线的弯曲柔美特征等都有较强的表现力。如图7-19所示为以线为基本要素的标志示例。

图7-19　以线为基本要素的标志示例

3. 以面作为基本要素

面的形成可分为由许多点密集排列而成的面；由许多线平行排列或交错排列而成的面；以及立体物象的界线或断面，由两个或两个以上图形叠加或挖切产生的各种不同的面形等。

面具有长、宽二维空间，即是二次元的平面形，不具有立体性。面在造型中所形成的各种形态，是设计基础的重要造型要素，以各种多边形最为常用。作为造型要素或作为背景外形，衬托主题。

4. 以体作为基本要素

体是一种多维延扩，是在二次元的平面上表现三维的视觉幻象，是一种视觉错觉。如图7-20所示为以体作为基本造型要素的标志设计，以体造型可产生时代感和压迫感，形成强烈的诉求效果。

图7-20　在二维平面上表现三维的视觉幻像

以体作为标志设计要素的应用情况有以下几种。

第一种，利用标志设计题材本身的转折、相交、组合而形成立体感。

第二种，在标志设计题材的侧面增加阴影制造深度，使其产生立体感。

第三种，矛盾体既有实在的立体感，又有在现实中不可能出现的视觉冲击力。

第四种，综合多种造型要素的设计，综合使用，能充分发挥标志的图形视觉表现力度。

设计中常常采用主辅明确、对比协调、轻重适度的手段，创造出生动活泼、个性突出、易识别、易记忆的标志图形。如图7-21所示为以体作为要素的标志设计，对题材进行转折、相交、组合、阴影制造等方法，使其产生立体感，加强视觉冲击力，突出个性。

图7-21　以体为基本要素的标志示例

八、企业标志的设计方法

（一）设计方法

企业标志是利用符号语言来传达信息的，构成时应首先抓住企业标志的功能和内在的需要，进而形成一种形式格调。

1. 构思深刻，构图简洁

运用形式要素来体现其形成格调，实现标志的表达形式。因此，要充分揣摩题材内容，在设计中要体现其构思巧妙和手法的精练，把能想到的构图，尽可能地体现出来。然后反复推敲，去粗取精、充实和发展图形。最后，达到较为简洁生动、单纯提炼、集中概括的图形。如图7-22所示为典尚建筑装饰有限公司的系列标志。

图7-22　典尚建筑装饰有限公司的系列标志

2. 形象生动，易于识别

标志形象应力求生动，有较强的个性。避免自然形态简单的再现。在设计中应使用重复、节奏、韵律、象征、抽象的手法进行设计，才能达到易于识别、易于记忆的效果。如图7-23所示为抽象的几何图标志。

图7-23　抽象的几何图标志

3. 新鲜别致，独具一格

新鲜别致，独具一格是企业标志的精神所在。应特别注意雷同，更不能模仿，特别是一些抽象的企业或品牌标志，需要设计可视性高的视觉形象。如图7-24所示为健元鹿业不同风格的标志设计。

图7-24　健元鹿业不同风格的标志设计

4. 符合视觉美的效果

企业标志设计是一种视觉艺术，人们在观看一个标志图形的同时，也是一种审美过程。

在审美过程中，人们把视觉所感受的图形，用社会所公认为的相对客观的标准进行评价、分析和比较，引起美感的共鸣和冲动。企业标志给人们带来的这种美感冲动，往往是通过标志的造型表现出来的。造型美是标志的艺术特色。标志设计的造型要素有点、线、面、体四大类。设计者要借助于这四大要素，通过掌握不同造型形式的设计规则，使所构成的图案，具有独立于各种具体事物的结构的美。

5. 注意各国的禁忌

世界各国由于政治、宗教、风俗习惯不同等种种原因，在语言、数字、图案和色彩的使用上均有各自特殊的喜好禁忌。因此，在设计之前，必须很好地了解有关国家和地区的风俗习惯，详细地查阅各国的禁忌内容。如：穆斯林的"猪""乌龟"不干净；印度的"牛"神圣；美国"山羊"是不正经；瑞士"猫头鹰"是不祥，死亡的含义；阿拉伯禁用六角"雪花"等。这些内容在设计时一定要注意。

6. 清晰醒目，适合各种场合

标志是一种视觉语言，要求产生瞬间效应，因此标志设计要简练、明朗、醒目。切忌图案复杂，过分含蓄。这就要求设计者在设计中要体现构思的巧妙和手法的简练，而且要注意清晰、醒目，适合各种使用场合，做到近看精致巧妙，远看清晰醒目，从各个角度、各个方向看上去都有较好的识别性。同时，标志设计者还必须考虑到企业标志在不同媒体上的传达效果。

7. 设计主题的选择

设计企业标志时，要注意对主题的选择，具体介绍如下。

(1) 以企业名称或品牌名称为题材，如图7-25所示为五粮液酒和红旗轿车的标志。

(a) 五粮液酒的标志　　　(b) 红旗轿车的标志

图7-25　五粮液酒和红旗轿车的标志

(2) 以企业名称或品牌名称字首为题材，如图7-26所示的摩托罗拉公司的标志，以名称字首M为题材。

图7-26　摩托罗拉公司的标志

(3) 以企业名称、品牌名称与其字首组合为题材，如图7-27所示的扬子空调的标志。

图7-27　扬子空调的标志

(4) 以企业名称、品牌名称或字首与图案组合为题材，如图7-28所示的小霸王产品的标志。

图7-28　小霸王产品的标志

(5) 以企业名称、品牌名称的含义为题材，如图7-29所示的才子企业的标志。

图7-29　才子企业的标志

(6) 以企业文化经营理念为题材，如图7-30所示的桔子公民、中国移动全球通业务和中央电视台经济半小时栏目的标志。

(a) 桔子公民标志　　　　　(b) 全球通标志　　　　(c) 经济半小时栏目标志

图7-30　以企业文化理念为题材的标志举例

(7) 以企业经营内容与产品外观造型为题材，如图7-31所示的泰康人寿保险公司的标志。

图7-31　泰康人寿保险公司的标志

(8) 以企业或商标、品牌的历史或地域环境为题材，如图7-32所示的翡翠湖别墅和FCN公司的标志。

(a) 翡翠湖别墅的标志

(b) FCN公司的标志

图7-32　翡翠湖别墅和FCN公司的标志

(二) 设计程序

企业标志，可分为企业自身的标志和商品标志。企业标志的设计大致分为以下几个步骤。

1. 调查分析

调查分析是指调查企业经营实态，分析企业视觉设计现状，具体包括如下内容。
(1) 明确以下前提。
① 企业经营理念与未来发展规划。
② 企业经营内容、产品的特征和服务的性质。
③ 企业经营规模与市场占有率。
④ 企业现有的社会、市场知名度。
⑤ 企业经营者对CI战略的展望。
⑥ 企业经营者对标志等视觉识别内容(题材、造型、形成)的期望等。
(2) 设计前应确定以下事项。
① 是作为单一的企业标志，还是需要照顾到企业集团成员中各个关系企业。
② 是否考虑到原有企业标志的延续性问题，还是全新设计。
③ 是否考虑与商标的联系，VI是否作为CI系统的基本要素。
④ 如何展开媒体运用设计。

在上述企业经营状况、标志设计，以及展开其应用细节进行分析研究的基础上，方能整理出设计的理念和表现的重点。

2. 意念开发

意念开发即立意，在一一分析了各种因素之后，结合企业期望的形象，一个大体的企业面貌便产生了，即设计有了一个明确的目标和方向。这样就可以通过主题使设计具体化。

一般来说，知名度高、市场占有率强、规模大的企业比较适合采用文字系统标志。例如：
(1) 以企业名称或品牌名称为题材。
(2) 以企业名称或品牌名称字首为题材。
(3) 以企业名称、品牌名称与其字首组合为题材。
(4) 以企业名称、品牌名称或字首与图案组合为题材。

这样一方面可以收到视听同步诉求的效果；另一方面，也可以不必借助华丽的图案装饰或优美造型的说明和诱导，来捕捉消费者视觉的焦点。

第七章　企业形象VI的设计程序

如果企业名称或品牌知名度不高，为了强调企业名称和品牌名称，提高其知名度，也可采用字体标志。通过视听结合的方式来强化诉求力，给人们留下深刻的印象。例如：

(1) 以企业名称、品牌名称的含义为题材。
(2) 以企业文化经营理念为题材。
(3) 以企业经营内容与产品外观造型为题材。
(4) 以企业或商标、品牌的历史或地域环境为题材。

以上这些方式，较为直观形象，不仅具有强烈的识别性、说明性，而且具有亲切感，对于社会大众的识别认同较具诉求力。特别是在标志的推出阶段有着明显的优越性，主要体现在丰富的表现力和可视性上。在标志设计开发之初，重点在意念的大量萌发、广泛联想。

3. 设计表现技巧

设计中表现技巧有以下几个。
(1) 确定标志的基本造型要素。
(2) 选择恰当的构成原理。
(3) 赢在图形。

4. 标志的精细化作业

标志的精细化作业是指对设计定稿的标志进行视觉修正和进一步完善，以确保其造型的完整性，以及将来在各种传播媒介应用的一致性。一般包括以下几种。
(1) 标志造型的视觉修正。
(2) 标志性的数字化。
(3) 标志运用尺寸的规定和放大、缩小的视觉校正。
(4) 标志的变体设计。
(5) 标志与基本要素的规定。

在奥运五环旗的设计中，红、蓝、绿三种颜色的环宽相同，黑色则仅为其宽度的0.92，黄色为1.3，这主要是由于视觉效果所产生的偏差造成的，因此需要对宽度进行修正，以使观众看起来的宽度一致。这充分体现了精细化作业的过程，即通过改变字体宽度、高度，线条宽度、高度，将主观感觉和客观视觉相结合，创造出有生命力的标志。

日本马自达公司的修正就是一个极好的例子。马自达公司字体标志的最大特色在于，处于中心位置的Z字的斜线分割，企业精神内涵的重点是以其动力速度充满生气的造型为视觉中心而表现出来。而在最初的设计中，考虑到造型单薄、骨架松散，为改变这一状况，设计了七个修正方案：扩大整个字体左右的宽度；缩小整个字体左右的宽度的同时增加字体笔画的宽度，使其更加厚重；增加整个字体的高度，略微减少线条的宽度；强调中线部分，使其突出明显，线条的宽度略微增加；线条宽度不变，增加整组字体的高度；线条高度不变，线条宽度增加；高度保持不变，略微缩小整组字体的宽度。

最后公司在第6个方案中将Z字母的斜线部分缩短，使其两边的角度更尖锐，以增强造型的视觉张力，将字母a之前的m、D两个字母与a的距离稍微调整，将m字母的空间部分略微加宽，增加其易读性；m、a、D三个字母的右上角曲线，修正为统一的弧度，以保证m与a、D与a之间的距离相等。整个过程始终围绕着体现马自达公司的高度技术性、科学性、时代性、国际性的成熟公司形象，突出字母Z的视觉中心地位，显示其动力和速度的勃勃生机。如图7-33所示为马自达公司的标志。

图7-33　马自达公司的标志

5. 标准化作图

标准化作图是将标志图形和线条规定成标准尺度，以便于正确复制和再现。通常可用的方法有：①方格法，即在正方形的格子线上绘制标志图案，以说明线条的宽度和空间位置关系；②比例法，即以标志图案的总体尺寸为依据，设定各部分的比例关系，并用数字予以表示；③圆弧角度法，即为了说明图案的造型和线条的弧度和角度，可用标准圆心的位置、圆弧的半径或直径以及参照水平或垂直线等来加以表示。三种方法可以单独使用，也可综合使用，目的在于准确作图，避免随意性，以体现标志设计中的一贯性。如图7-34所示分别为方格法、比例法和圆弧角度法三种方法的示例图。

(a) 方格法示例

(b) 比例法示例

图7-34　方格法、比例法和圆弧角度法示例

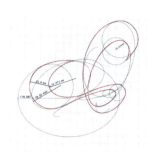
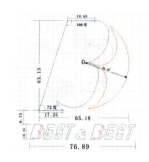

(c) 圆弧角度法示例

图7-34 方格法、比例法和圆弧角度法示例(续)

6. 规定标志尺寸

标志尺寸的规定是一种在视觉上放大或缩小的修正方法，其中规定最小极限，最为重要。

7. 变体设计

变体设计主要包括以下几个方面。
(1) 线条粗细变化。
(2) 彩色与黑白变化。
(3) 正形与负形的变化。
(4) 各种点、线、面的变化，如实心体、网纹线条、点织面、线织面等。

8. 标志与基本要素的组合

标志与基本要素主要有以下几种组合方式。
(1) 与企业名称或缩写、标准字的组合单元。
(2) 与企业名称、品牌名称、标准字的组合。
(3) 与企业名称、品牌名称、标准字及企业造型角色组合。
(4) 与企业名称、品牌名称、标准字、企业造型角色、企业口号、宣传标语的组合单元。

9. 标志的展开应用

企业标志完成设计展开作业之后，应送交企业主管做最后认定，认定后即可与视觉识别的其他应用要素展开运作，并进行全面的推广宣传。

九、标志设计的几种表现方式

标志设计的表现手段极其丰富多样，并且不断发展创新，常见手段概述如下。

(一) 表象手法

采用与标志对象直接关联而且具有典型特征的形象。这种手法直接、明确、一目了然，易于迅速理解和记忆。例如，表现出版业以书的形象，表现铁路运输业以火车头的形象，表现银行业以钱币的形象为标志图形等。如图7-35所示分别为交通银行和中国建设银行的标志。

(a) 交通银行的标志　　　　　　(b) 中国建设银行的标志

图7-35　以钱币形象为标志的银行标志

（二）象征手法

采用与标志内容有某种意义上联系的事物图形、文字、符号、色彩等，以比喻、形容等方式象征标志对象的抽象内涵。例如，用交叉的镰刀斧头象征工农联盟，用挺拔的幼苗象征少年儿童的茁壮成长等。象征性标志往往采用已为社会约定俗成的关联具体物象作为有效代表物。例如，用鸽子象征和平，用雄狮、雄鹰象征英勇，用日、月象征永恒，用松鹤象征长寿，用白色象征纯洁，用绿色象征生命等。这种手段内涵深邃，适应社会心理，为人们喜闻乐见，如图7-36所示的中国共产党党徽的图案。

图7-36　中国共产党党徽的图案

（三）寓意手法

采用与标志含义相近似或具有寓意性的形象，以影射、暗示、示意的方式表现标志的内容和特点。例如，用伞的形象暗示防潮湿，用玻璃杯的形象暗示易破碎，用箭头形象示意方向等。如图7-37所示为具有寓意性的警示标志。

图7-37　具有寓意性的警示标志

（四）模拟手法

用特性相近事物形象模仿或比拟所标志对象特征或含义的手法。例如，日本全日空航空公司采用仙鹤展翅的形象比拟飞行和祥瑞。

（五）视感手法

采用并无特殊含义的简洁而形态独特的抽象图形、文字或符号，给人一种强烈的现代感、视觉冲击感或舒适感，引起人们注意并难以忘怀。这种手法不靠图形含义而主要靠图形、文字或符号的视感力量来表现标志。例如，日本三菱公司以三个菱形为标志，李宁牌运动服将拼音字母L横向夸大为标志等。为使人辨明所标志的事物，这种标志往往配有少量小字，一旦人们认同这个标志，去掉小字也能辨别它，如图7-38所示的李宁公司的标志和三菱公司的标志。

(a) 李宁公司的标志

(b) 三菱公司的标志

图7-38　李宁公司和三菱公司的标志

拓展知识

企业标志设计的四大误区

标志从最早的符契、图腾发展到现在已经有几千年的历史，在这个发展过程中，标志发挥着日益重要的作用。到如今，标志已经成为企业、公司、团体以及个人的精神和地位的象征，借以展示其价值观念和独特形象。

面对如此繁多的标志，其中不乏知名的品牌，并可称之为标志设计中的典范，但是更多的标志却让人觉得似曾相识、形象模糊、不知所云。通过长时间的分析研究表明，在标志设计过程中可能存在以下一些误区。

一、标志概念模糊，将标志等同于一般标识

标志是用一种特殊的文字或者图形组成的大众传播符号，以简洁精练的形象传达特定的含义和信息，以便在社会公众中树立一种特定的形象。作为一种特殊的视觉语言，标志具备以下几个显著特征。

(1) 具有识别性。利用新颖独特的形象从众多标志中区分开来，吸引人群的注意力，加深其印象，以便得到社会公众的识别和认可。

(2) 具有象征性。标志必须要能象征企业的精神理念，反映出企业的特定形象和精神面貌。在标志中挖掘每一个图形的象征意义，通过具体的形象来暗示、隐喻、联想和烘托，使象征的特殊信息与标志图形产生关联，从而达到传递信息、塑造形象、沟通交流、接受认可的目的。

(3) 高度的审美性。审美性是标志提高魅力的重要因素，这决定了人们在初次接触标志时的选择性，独特优美的标志能吸引注意力，同时还能使之产生兴趣，拉近与标志所属企业之间的距离。标志的审美性表现在三个方面：易识别的简洁之美、图形的造型之美、意和形的巧妙结合之美。

标志与标识有着明显的区别，《辞海》中也特别指出标识只是标志的一部分意义，相当于记号，并不需要有独特的象征意义，而是一种具体的标志物。正是因为一些设计师将两者等同起来，造成了标志没有了象征意义，不能有效地传达出企业特定的信息，因此可断定为误区之一。

二、企业把标志当成一种时髦和消费，造成标志粗制滥造，意义全无

很多中小企业，在决定制作标志时并没有形成自己独特的企业文化和核心思想，只是觉得"人有我也有"，把标志的设计当成一种消费、一种时髦，并没有意识到标志的作用及其重大意义，又或者知道标志的价值却又不知道标志是怎么设计出来的。也正是由于企业盲目的设计标志，造成标志设计时一些设计师粗制滥造，交货收钱，你简单我也快速，完全不顾及标志对企业产生的影响，诸如此类标志，有还不如没有。这种标志设计乃误区之二。

三、标志设计程序不科学、不严谨

科学的设计程序是标志成功的保证，标志设计的程序没有一个绝对的顺序和方法，通常要经过以下几个阶段。

(1) 调查研究阶段。成立标志设计小组，通过对企业做全方位的调查研究，获得企业的相关信息，作为标志设计创意的出发点，做到有的放矢。

(2) 设计构思阶段。在这个阶段将收集的所有材料和信息经过整理和归纳，形成核心的精神理念，找出创意的突破口。

(3) 草图设计阶段。把创意点子根据标志的特征通过艺术的手段加以概括和表现，形成若干设计草图。

(4) 形成正稿阶段。经过设计小组从若干草图中选出最佳的方案，深化设计并进行标准化制作形成正稿。

(5) 应用反馈阶段。将设计的标志应用于企业的各个环境，并进行调查，收集反馈信息，并在必要的时候做出调整。

在这五个阶段中，每个阶段都非常重要，重此轻彼，都会造成设计的失败，但在设计过程中，又往往对调查研究阶段重视不够，调查程序不科学，调查方位不全面，造成收集的资料不够翔实，企业核心思想提炼不够准确，设计定位偏离企业的核心思想，在以后的设计过程中，再高明的设计师也设计不出优秀的标志。这种情形，当属误区之三。

四、标志雷同，识别性差

标志雷同，识别性差属于设计方法上的误区，很多设计师在设计标志之前，参考了大量资料，在资料中寻找与标志设计相符合的图形，而后没有对图形进行有针对性的处理，因此造成了很多标志形象相似，缺少独特性，更有甚者干脆抄袭相类似的标志，改头换面，似是而非。

正确的设计方法是凭借设计师的经验和积累，通过创意性的艺术处理将企业的核心思想转化成有象征意义的图形符号，然后再将这些图形符号进行筛选，选出最具代表性的图形符号，经过加工处理、排列组合，最后形成标志。

第二节　企业标准字设计

标准字logotype原是印刷术语，意指将两个以上的汉字组成一个固定的整体。就今天的意义而言，logotype是指某种事物、组织、团体的全称，整理组合成一个群体的字体，也称为

组合字体。

从企业战略的角度来看，logotype是将企业的规模性质、经营理念和精神通过文字的可读性、说明性等明确的特征，创造独特的字体，以达到企业共识的目的，并进而据此塑造企业形象，增进社会大众对企业的认知与美誉。

标准字是CI中的基本视觉要素之一，种类繁多，运用广泛，几乎涵盖了所有应用设计要素，因此，它的作用绝不逊于企业标志。而它所具有的文字的明确说明性，可直接将企业、品牌的名称传达出来，通过视觉、听觉的同步传递，强化企业的形象和品牌形象的诉求力，这也是字体标志之所以产生并广受重视的原因。如图7-39所示为企业的标准字设计。

(a) 雅客食品的标志　　(b) 中国电信的标志

(c) 真维斯产品的标志

图7-39　企业的标准字设计

一、标准字的特征

（一）识别性

标准字的识别性体现在独特的风格和强烈的印象上。它是依据企业的经营理念、文化背景、行业特点等因素的差别，塑造不同的字体，传达企业性质与商品特性，达到企业识别的目的。如图7-40所示的企业标志体现了标准字的识别性。

（二）易读性

标准字应具备明确的传播信息，即说明内容的易读效果，只有如此才能满足现代企业讲究速度和效率的精神，提高视觉传达的瞬间效果。字体策划、结构法则必须按国家颁布的汉字简化标准，力求准确规范。尽量避免随意而造成辨认困难。如图7-41所示的企业标志体现了标准字的易读性。

图7-40　恒基伟业的标志　　　　图7-41　雅虎中国的标志

（三）造型性

在遵守造型原理与规则的前提下，标准字应力求创新感、亲切感和美感，通过自身的形态特征，传达企业的个性形象，并力求做到美的传递，创造企业美的形象，提高传播效益。如图7-42所示为蒙牛公司的标志。

图7-42　蒙牛公司的标志

（四）适用性

由于标准字在各种媒体上的大量应用，对于不同的材质、不同技术的要求，它必须适应放大、缩小、反白、线框等多种表现形式，并且能够保持字体传达的明晰效果。无论怎样使用，标准字均能始终保持字体的识别性和易读性特征，如图7-43所示为中兴电子公司和中电华通公司的标志。

(a) 中兴电子公司的标志　　　　(b) 中电华通公司的标志

图7-43　中兴电子、中电华通的企业标志

（五）系统性

标准字体设计完成后，必然要导入识别系统，与其他要素和谐组织搭配，形成综合的视觉优势；同时又因组合状态不同，适用于多种使用场合传达的需要。

（六）比较

1. 普通铅字

标准字在字体上除了外观设计的差异外，更在于文字间的配置关系，强烈的体现风格与个性形象。普通铅字在排列组合上无法预想相接排列的文字，设计的出发点着重于任何字体都可组合，而制成所谓的"即成文字"，可根据需要任意组合，它的造型和外观与标准字完全不同。

标准字的设计则是根据企业名称、品牌名称、广告口号等精心设计创作的。尤其是文字的配置关系，经过视觉的调整矫正，取得平衡的空间及和谐的结构。并且，对于字距、笔画的配置，以及线条的粗细作统一的造型要素的精心制作。

2. 书法字体

书法是我国具有3000多年历史的汉字的主要艺术表现形式，既有艺术性又有实用性。目前，我国一些企业用政坛要人、社会名流及书法家的题字，作为企业名称或品牌标准字体，如清华大学、秦池、人民日报等。如图7-44所示分别为清华大学、清华紫光和人民日报的标准字设计。

(a) 清华大学的标准字设计 　　(b) 清华紫光的标准字设计

(c) 人民日报的标准字设计

图7-44　用书法字体作为标准字体的设计

有些设计师尝试设计书法字体作为品牌名称,有特定的视觉效果,活泼、新颖、画面富有变化。但是,书法字体也会给视觉系统设计带来一定的困难。首先是与商标图案相配的协调性问题;其次是是否便于迅速识别的问题。

书法字体设计,是相对于标准印刷字体而言的,其设计形式可分为两种。一种是针对名人题字进行调整编排;另一种是设计书法体或者说是装饰性的书法体,是为了突出视觉个性,特意描绘的字体,这种字体是以书法技巧为基础而设计的,介于书法和描绘之间。如图7-45所示为中国银行和中国农业银行的标准字设计。

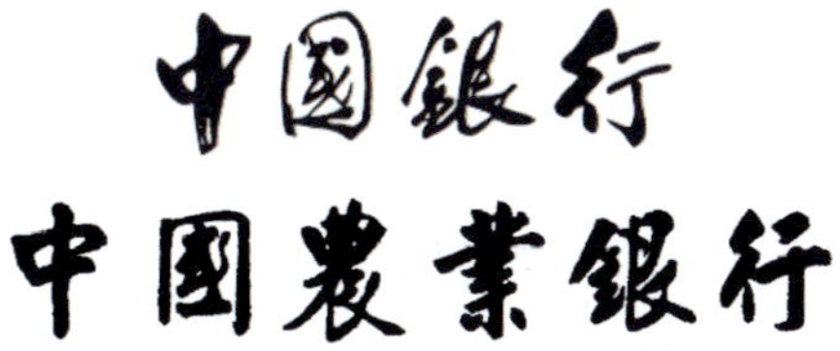

图7-45　介于书法和描绘之间的标准字设计示例

3. 装饰字体

装饰字体在视觉识别系统中,具有美观大方,便于阅读和识别,应用范围广等优点。海尔、科龙的中文标准字体即属于这类装饰字体设计。如图7-46所示分别为海尔公司和科龙公司的标志。

图7-46　装饰字体的设计

装饰字体是在基本字形的基础上进行装饰、变化加工而成的。它的特征是在一定程度上摆脱了印刷字体的字形和笔画的约束,根据品牌或企业经营性质的需要进行设计,达到加强文字的精神含义和富有感染力的目的。

装饰字体表达的含意丰富多彩。例如,细线构成的字体,容易使人联想到香水、化妆品之类的产品;圆厚柔滑的字体,常用于表现食品、饮料、洗涤用品等;而浑厚粗实的字体则常用于表现企业的实力强劲;而有棱角的字体,则易展示企业个性等。

总之，装饰字体设计离不开产品属性和企业的经营性质，所有的设计手段都必须为企业形象的核心——标志服务。它运用夸张、明暗、增减笔画形象、装饰等手法，以丰富的想象力，重新构成字形，既加强了文字的特征，又丰富了标准字体的内涵。同时，在设计过程中，不仅要求单个字形美观，还要使整体风格和谐统一，易读且有理念内涵，以便于信息传播。

4. 英文标准字体

企业名称和品牌标准字体的设计一般均采用中英两种文字，以便于同国际接轨，参与国际市场竞争。

英文字体(包括汉语拼音)的设计，与中文汉字设计一样，也可分为两种基本字体，即书法体和装饰体。书法体的设计虽然很有个性、很美观，但识别性差，用于标准字体的不常见，常见的情况是用于人名，或非常简短的商品名称。而装饰字体的设计，应用范围则非常广泛。

从设计的角度看，英文字体根据其形态特征和设计表现手法，大致可以分为四类：一是等线体，字形的特点几乎都是由相等的线条构成；二是书法体，字形的特点活泼自由、显示风格个性；三是装饰体，对各种字体进行装饰设计，变化加工，达到引人注目、富有感染力的艺术效果；四是光学体，是由摄影特技和印刷用网纹技术原理构成。

因此，标准字的设计和选择，应经过全面的计划和严谨的工作，以满足企业信息传达的需求为前提，创作具有独特性的字体。

二、标准字的种类

我们在各种传媒上，可以看到各式各样的标准字，种类很多，范围很广。例如，企业名称、产品名称、商店名称、活动名称、广告标题等文字的设计均属于标准字的类型，还有电影名称、戏剧名称、小说、杂志的标题等。

但是标准字最基本的任务是在于建立独特的风格，塑造企业的完美形象，以期达到识别的目的。因标准字的功能不同，种类各异，按照性质的不同可将其分为以下几种。

(一) 企业标准字

企业标准字(corporate logotype)是标准字中最重要的，也是其他标准字的基础，是经过统一设计的企业名称以传达企业精神，表达企业经营理念，建立企业品格和信誉。

(二) 字体标志

在实施企业形象战略中，许多企业和品牌名称趋于同一性，企业名称和标志统一的字体标志设计，已形成新的趋势。企业名称和字体标志(logo mark)统一，虽然只有一个设计要素，却具备了两种功能，达到视觉和听觉同步传达信息的效果。

将企业名称设计成具有独特性格、完整意义的标志，达到容易阅读、认知、记忆的目的。在企业识别系统中，具有精练、统一与视觉同步诉求的优点，这已成为近年来企业标志设计的重要的表现手法，如3M、SONY等均属此列。如图7-47所示为索尼的标准字设计。

图7-47　索尼的标准字设计

（三）品牌标准字

根据需要，企业往往强化品牌的个性特点，并极力提高品牌的知名度。品牌标准字因此而产生，并与商标组成完整的信息单位。如图7-48所示为诺基亚的标准字设计。

图7-48　诺基亚的标准字设计

（四）产品标准字

产品标准字应用广泛，常与标志联系在一起，具有明确的说明性，可直接将企业或品牌传达给观众，与视觉、听觉同步传递信息，强化企业形象与品牌的诉求力，其设计的重要性与标志具有同等重要性。

企业为了开发新市场，不断推出新产品或是同一系列产品，为了表现个别产品的功能和特性，往往采用有亲切感、易记忆、容易叫、个性强、印象度高的名称，方便传播和广告宣传。如霸王和中国民生银行的产品标准字设计，如图7-49所示。

(a) 霸王的标准字设计　　　　　　　　(b) 中国民生银行的标准字设计

图7-49　霸王和中国民生银行的标准字设计

（五）活动标准字

活动标准字是指为新产品推出、世界庆典、展示活动、竞赛活动、社会活动、纪念活动等企业特定活动而设计的标准字。使用期限短、设计形式较为活泼、风格自由、印象强烈是其特色。

（六）标题标准字

标题标准字用于广告文案、专题报道、连载小说、电影广告的开头等。另外，产品说明书、广告海报、图书书籍的书名等都属于这一类。如图7-50所示为湖北日报和经济导报的标准字设计。

图7-50　湖北日报、经济导报的标准字

三、标准字的设计

为了使标准字的风格独特、创意新颖,我们需要掌握其设计的要领。按照科学合理的设计程序,融合设计师丰富的经验与设计技巧,才能创造出符合企业形象的字体造型。标准字因企业的性质不同、理念不同,加上设计师的构想和表现手法的差异,而呈现出丰富多彩的设计形态,所以掌握科学的设计程序与方法非常重要。如图7-51所示为某广告公司的标准字设计。

图7-51 某广告公司的标准字设计

(一)设计程序

标准字的设计可以按照以下程序进行。
(1) 对与企业有关的标准字进行调查分析。
(2) 确定标准字的基础造型。
(3) 配置标准字的笔画形态。
(4) 统一字体形式。
(5) 标准字的编排设计。

(二)调查分析

为了避免设计上的随意性,应事先了解并进行调查分析,对企业正在使用的标准字、品牌标准字等进行收集、整合分析,从中归纳出带有共性的和规律性的东西,再比较各自的优缺点和使用后的反应。其内容包括:字体的总体风格、编排格式、识别性、易读性、延展性、系统性等。找到目标对象易于识别、认同的字体形式,作为设计标准字的参考依据,还可避免因雷同而产生混淆的现象。

调查一般从以下几个方面着手。
(1) 有无符合行业和产品形象的特征。
(2) 有无创新的风格和独特的形态。
(3) 有无传达企业的理念、发展性和信赖感。
(4) 有无满足产品目标消费者的喜好。
(5) 对字体造型进行分析,包括字体外形特征、笔画、线性、编排方式,色彩等造型要素。

(三)确定标准字的基本造型

标准字的造型要能够表现出独特的企业性质和商品特性。
(1) 根据企业所要传达的内容和期望树立的形象,确定字体的造型。例如,正方形、长方形、扁形、斜体,或外形自由、样式活泼的,或具象图案、内嵌字体等。

(2) 在其中划分若干方格细线作为辅助线，以方便配置笔画。例如，十字格、米字格、井字格等。还可以根据字的偏旁部首结构形式，作出所需辅助线。如图7-52所示分别为十字格、米字格和井字格的辅助线。

(a) 十字格辅助线　　　　(b) 米字格辅助线　　　　(c) 井字格辅助线

图7-52　十字格、米字格和井字格的辅助线

(四) 配置笔画

先写出骨架即布局，在写好的骨架上进行上下、左右、大小穿插调整，以求空间的均匀。再根据打出的字架，画出字的实际结构，将其疏密、黑白不均匀之处加以适当的调整，用铅笔稍重画出。画黑线时直线部分尽量用直尺和绘图笔，曲线部分尽量用圆规或曲线尺来画。

(五) 字体错觉校正

文字是在平面上展开的并构成明确形态的符号。其结构由点、线构成，是一个完整的整体，从视觉心理上和人类对图形理解的角度来看，"文字造型"与图形的关系是文字设计的基点。

由于文字的结构、笔画简繁不一、实际粗细不同，大小一致的字体在我们的视觉里也会变得不完全相等，这就是视错觉。如图7-53所示的一组视错觉图片为某地下车库的导视系统。

图7-53　视错觉图片

错觉是指人类的视觉中，物象的单独存在和其他第一物共同存在时产生的异常现象，因此我们有必要对视觉心理与视觉加以研究探讨，作为对企业标准字修正的依据。

错觉大致分为：线的粗细错觉、点与线的错觉、交叉线的光源错觉、黑白线的粗细错觉、正方形的错觉、垂直分割错觉、点在不同面上的错觉、图形发展对文字间架的关系错觉等。

(1) 线的粗细错觉：粗细相同的水平线、斜线、垂直线，感觉粗细不一致，如图7-54所示。

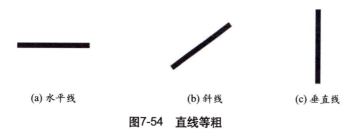

(a) 水平线　　　　(b) 斜线　　　　(c) 垂直线

图7-54　直线等粗

(2) 点与线的错觉：圆点与直线等粗则圆点宽度大于直线宽度，如图7-55所示。

(a) 圆点　　　　　　　　　　　　(b) 粗线

图7-55　点与线的错觉

(3) 黑白线的粗细错觉：黑底白线段、白底黑线段(在制作反白效果时注意)，如图7-56所示。

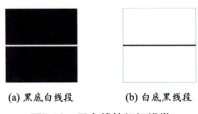

(a) 黑底白线段　　　(b) 白底黑线段

图7-56　黑白线的粗细错觉

(4) 正方形的错觉：如果要画出感觉较为方正的字，就要画出上下或左右为扁的方格。
(5) 垂直分割线错觉：被等分的线段显短，应将垂直线段适当缩短，如图7-57所示。

图7-57　垂直分割线的错觉

(6) 垂直等分错觉：垂直线被等分时，上长下短，故上半部分容易缩短。
(7) 水平线等分错觉：左大右小，人看东西是自左向右。
(8) 点在不同位置上的错觉：阿恩海姆(Arnheim)在"构造地图"里指出，画面形态垂直水平所构成的十字线(力线)影响最大。对角线也产生力线，画面由看不见的力量场构成。因而画面上任何形态受到引力的影响，位于中央的力场越近重度越大，所以为了视觉上心理的平衡，应加大相应笔画，如点的面积。

(六) 中文字错觉处理方法

1. 字形大小的处理

汉字称之为方块字，这是中国几千年来汉字书写规范的传统结论。由于人们为了把字写得整齐美观，就在所写的材料上画上方格，在方格内写字。在字体设计时要考虑字体的大小和外形，汉字虽然称为方块字，但不同的汉字字形不同，有的字形横多竖少、高度感强；有的字形上下顶格，左右笔画少；同时汉字书写中有很多笔画是向下延伸的，基于上述原因，汉字字形视觉上略显方。

字形种类有以下几种。
(1) 方形，如：口、田、固、困等。
(2) 梯形，如：旦、贝等。

(3) 六边形，如：中、永等。

(4) 五边形，如：土、士、大等。

(5) 品字形，如：品、晶、聂等。

(6) 菱形，如：十、今、令等。

(7) 三角形，如：卜、下、丁等。

(8) 尸字形，如：广、户、厂、尹等。

其中方形最大，六边形、梯形、五边形次之，品字形、尸字形又次之，菱形和三角形最小。处理方法是适当地处理小方形字，外部空间越多出格越多。再如"同"字，左右一齐，则有右脚向上收的感觉。

2. 重心处理

汉字数量很大，笔画多少不一，少则一笔，最多有三十六画，且笔画搭配也不一定；横画最少的为一画，最多的有十二画；竖画最少的一画，最多的有七画左右。结构也较为复杂，有上下结构，上紧下松，视平线略偏上；上小下大，靠边笔画向内收，长边收得多，短边收得少。左右结构，注意左右压缩，左右一致则左紧右松，量多则瘦，量少则丰；内松外紧，中间笔画向笔画少的一侧稍移。

3. 内白处理

内白大则显大，内白小则显小。总之，字形大小的错觉处理的主要依据是：抓住字形、内白、横画、竖画几个方面。

(七) 拉丁字体特点规律

拉丁字体的特点规律如下。

(1) A：罗马体的头部尖端要略微突出大写字线之外。如果和线一致，便会觉得矮了一点。右上至左下用细线，中间横线位置适中，如果太高，中空三角形太小，就会有窘迫感。如图7-58所示为字母A在设计上的应用。

(2) B：这个字可分为上下两部。一般来讲字母要窄一点，上部幅度比下部幅度小一些，这样有安定感。上下圆曲线之间交接的横线要稍靠向上方一点，圆曲线的中部厚度比干线要大一些，使其感觉上大小相称。如图7-59所示为字母B在设计上的应用。

图7-58　字母A

图7-59　字母B

(3) C：圆曲线要略微突出于大写字线和基线之外，否则字形会显得矮小。回曲线中部的厚度要略大，特别是罗马体，要比其他字更大一些为好。如图7-60所示为字母C在设计上的应用。

(4) D：这个字母从上到下的圆弧比较难画，需要下些功夫。如果回曲部分的厚度不匀称，就很难看了。圆曲中央厚度要比干线略大一些。如图7-61所示为字母D在设计上的应用。

图7-60　字母C　　　　图7-61　字母D

(5) E：中间横线要略微提高，罗马字的横线切忌过长。无饰线体中线则要比下上线细一点。如图7-62所示为字母E在设计上的应用。

(6) F：字幅和E字母相同，但要略窄一点儿。无饰线体中间横线比饰线要稍微细一点。如图7-63所示为字母F在设计上的应用。

图7-62　字母E　　　　图7-63　字母F

(7) G：G和C一样，圆曲线略超出大写字线及基线。罗马体右下的短干线比圆曲线中央厚度略小些。有些无饰线体，右下部成垂直的形状。如图7-64所示为字母G在设计上的应用。

(8) H：这个字母字形较易写，中间根线要稍高。罗马体干线末端的视线，要做到两边等量伸展，字母外侧视线应该伸展到框格外一点儿。如图7-65所示为字母H在设计上的应用。

图7-64　字母G　　　　图7-65　字母H

(9) I：这是最简单的字母。罗马体的干线比其他字母的干线略粗，看起来就舒服些，下部干线要比上部干线稍为大一点，能增加稳定感。如图7-66所示为字母I在设计上的应用。

(10) J：罗马体干线下面的弧线，要伸到基线下面去。线珠的形状有多种，但总的要求是略带重感，以求稳定。无饰线体的下部不可伸离底线太多，突出一点就可以了。如图7-67所示为字母J在设计上的应用。

(11) K：罗马体的上部斜线用细线，和干线的交点应略低于干线的中点。如图7-68所示为字母K在设计上的应用。

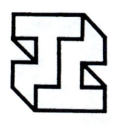
图7-66　字母I

图7-67　字母J

(12) L：这个字母的字幅较大，但尽可能取小一些，特别是右侧邻字并排时，要注意斟酌字幅，不要使中间空间过于宽阔。无饰线体的下横线，要比干线略细少许。如图7-69所示为字母L在设计上的应用。

图7-68　字母K

图7-69　字母L

(13) M：罗马体的中间倒三角形尖端直抵基线，也有略微突出基线的，不过切忌突出过多。左侧竖线用细线，无饰线体也有两侧用竖直线的，中间两斜线接口处的底线要略小些，以免太重。如图7-70所示为字母M在设计上的应用。

(14) N：罗马体的两竖线均改用细线，以求均衡。斜线左上方要有伸出左方的干线，斜线下部尖端则略微突出底线，无饰线体的斜线要比竖线略粗一点儿。如图7-71所示为字母N在设计上的应用。

图7-70　字母M

图7-71　字母N

(15) O：圆曲线上下部都要略微伸出线外。罗马体中有些O字中轴是倾斜的，不过一般以竖直为正规。无饰线体在和其他文字组合时，回曲线中部要略微粗一些，以取得匀称。如图7-72所示为字母O在设计上的应用。

(16) P：中横和干线接连处要稍低于干线中点。圆曲中央的厚度要比干线略大。如图7-73所示为字母P在设计上的应用。

图7-72　字母O　　　　　　图7-73　字母P

(17) Q：这个字母是O字母带尾，根据字体的不同，尾部的形态也有很多变化，特别是罗马体颇多优美图形。本字的字尾要伸出基线下面一些。如图7-74所示为字母Q在设计上的应用。

(18) R：这个字母的斜脚有好几种形态，多数是直线或轻滑曲线。罗马体的斜脚尖端，有时是挑上的。如图7-75所示为字母R在设计上的应用。

图7-74　字母Q　　　　　　图7-75　字母R

(19) S：上部和下部大体上是对称的，但下部要略比上部大；下部的圆曲比上部的喙突更向右伸展，而上部圆曲线和下部的喙突则要在同一竖线上。罗马体的脊骨，要比其他字干线粗一点儿，但无饰线体要求细一点儿。如图7-76所示为字母S在设计上的应用。

(20) T：罗马体字臂两端的喙突，有垂直的，有略斜向外的，也有同一方向的。文字字幅多数较本字略窄。无饰线体一般要求是字幅窄，横臂厚而比干线略细些。如图7-77所示为字母T在设计上的应用。

图7-76　字母S　　　　　　图7-77　字母T

(21) U：罗马体左竖粗而右竖细，这一点很重要。下面圆曲均要突出其基线下面一点。如图7-78所示为字母U在设计上的应用。

(22) V：罗马体倒三角形的尖端略微突出基线下面。左侧斜线用粗线，右侧用细线。无饰线体的斜线相交接口底线要略微细些。如图7-79所示为字母V在设计上的应用。

图7-78　字母U

图7-79　字母V

(23) W：罗马体的W是两个V字母的叠合形体，而无饰线体则是两个V字母相结合的。有些罗马体仅左右有饰线，中央是尖顶；有些则把左边和中央饰线连起来。无饰线体中间的两斜线多数都比两侧斜线细一些。如图7-80所示为字母W在设计上的应用。

(24) X：多数字体的斜线交叉点比中央位置略高，不过，也不能提高过多。有些罗马体的右上到左下的细线并不是一根直线，而是中间错开一点的两段直线，以修正视线的错觉。如图7-81所示为字母X在设计上的应用。

图7-80　字母W

图7-81　字母X

(25) Y：形和干线的交接处比中央略低一点儿。无饰线体斜线比竖线略细一点儿。如图7-82所示为字母Y在设计上的应用。

(26) Z：罗马体的斜线用粗线，下面根线比上面的略长一点儿，以增加稳定感。无饰线体也是如此。喙突可垂直，或稍斜向外。如图7-83所示为字母Z在设计上的应用。

图7-82　字母Y

图7-83　字母Z

（八）字体统一

标准字的设计首先要根据企业的经营理念来选择合适的字体形式，从中发展、变化，创造出具有独特个性的字体；其次要统一线端形式与笔画弧度的表现。线端形式有圆角、缺角、直切等，这些都可以影响标准字的风格、性格。而曲线弧度的大小也可以影响企业的个性及内容。表现技术和精密时，应多采用金属材料；表现现代科技特征时，应以直线型为主；表现柔和、食品和日用品等，应多以曲线为主来造型。

(九) 标准字的排列方向

中文有较好的适应性,英文直排效果有时不太理想。标准字的排列方向应注意以下几个方面。

(1) 避免过分的斜体字。

(2) 避免连体字。

(3) 避免极端变化。

(4) 有鲜明的特征,如方向感、速度感。

(5) 尽管流畅连贯,但灵活性不够,难以分解。

(6) 竖排则松散,整体印象不一致。

四、标准字制图法

标准字设计完成后,必须按照标准的、规范的制图方法正确标示标准字的作图方法和详细尺寸,并制作大小规格不同的样本。多种规格的样本是为了制作广告、包装、印刷物的设计完稿使用。一是为了方便设计完稿,直接使用即可;二是避免各自绘画、重新制作的误差,造成不统一。因此,需要各种可能应用到的规格及尺寸。正确印在铜版纸上,以便于制版。较为精细严谨的做法是最好将标准字的黑白稿和彩色稿印出来,并根据实际印刷工艺选择印刷效果。黑白稿可细分为线条稿和自由设计稿;彩色稿又分为特别色设计稿及分色印刷设计稿两种。

标准字的标准制图是传播应用中保持标准化、统一性的必要手段。标准字等基本视觉要素,将来在招牌、橱窗、霓虹灯、车身等大型主体物上应用,需要按照标准制图来完成放大所需的规格。

标准字的标准制图包括标准字的形态、空间、笔画、角度配置等已明确的尺寸标准。这样在施工制作时,尽管材料、时间、空间、人手不一,但也可以正确无误地制作,达到统一性、标准化的识别目的。

(一) 标准制图的方法

(1) 方格法:以等分线画出方形格子,再将标准字配置其中,注明高度、角度、圆心等关系与位置。如果标准字比较单纯,可以进行重点标注;标准字造型复杂则尺寸标注应尽可能详细、清楚,关键处更需要注意。方格也可是斜格、长方格等。

(2) 直接标注法:是将尺寸直接标注在标准字的方法,适用于尺寸复杂、方格无法表示清楚的标准字中。

(3) 方格法和直接标注法两种配合使用。

(二) 标注时应注意的事项

(1) 粗略作图时最好将上下、左右的尺寸做成1∶5或2∶9等比例,以方便判断基本形,否则会出现过多的等分线,尺寸标注过繁。

(2) 可以将实线加说明线,以粗细线或虚实线明确区别。

(3) 字形可以用色彩或实线来表示,但应注意和说明线明确区分。

第三节　企业标准色设计

标准色是企业根据自身特点制定的某一色彩或某一组色彩,用来表征企业实体及其存在的意义。色彩是视觉感知的基本因素,它在视觉识别中的决定性作用使得企业必须规定出企业用色标准,使企业标志、名称等色彩实现统一化和保持一贯化,以达到企业形象和视觉识别的目的。

标准色即"公司色",象征企业的形象,具有强烈的识别效应。因为色彩本身除了具有知觉刺激、引发生理反应的作用之外,还受到生活习惯、宗教信仰、社会规范,自然景观与日常用品的影响。人们看到了色彩,就会自然想到抽象和具象的情感。

标准色是指企业为塑造特有的企业形象而确定的某一特定的色彩或一组色彩系统,运用在所有视觉传达设计的媒体上,透过色彩特有的知觉刺激与心理反应,表达企业的经营理念和产品服务的特质。

由于标准色具有强烈的识别效果,因而已成为经营策略的有力工具,日益受到人们的重视,在视觉传达中扮演着举足轻重的角色。例如,可口可乐的红色洋溢着热情、欢快和健康的气息;柯达胶片的黄色,充分表达出色彩饱满、璀璨辉煌的产品物质;美能达相机的蓝色给人以高科技光学技术洁净的联想;七喜汽水的绿色给人以生命力的感受等。这些都是借助色彩的力量来确定企业品牌形象的成功范例。如图7-84所示为可口可乐公司标志。

图7-84　可口可乐标志

标准色的设定可根据体现企业形象的需要,选择不同的设定方式,一般有以下三种方式。

一、单色标准色

色彩集中单纯有力,给人以强烈的视觉印象,能够给消费大众留下牢固的记忆,这是最为常见的企业标准色形式。如可口可乐、万宝路香烟的红色,柯达胶片、麦当劳的黄色,美能达服装的蓝色,富士胶片、七喜汽水的绿色等都是采用单色标准色的设定方式,如图7-85所示。

(a) 万宝路的标志　　　　　　(b) 富士公司的标志　　　　　　(c) 柯达公司的标志

图7-85　采用单色标准色设计的企业标志

二、复数标准色

为了塑造特定的企业形象，增强色彩律动的美感，许多企业在标准色的选择上多采用两色以上的色彩搭配。例如，美国联合航空公司采用红、橙、蓝三色的组合，百事可乐采用红、蓝两色的组合，日本华歌尔服装采用紫色与玫瑰色的组合，泰国航空公司采用玫红与土黄的组合，日本松屋百货的蓝色与棕色的组合，都是采用复数标准色的设定方式。

三、标准色加辅助色

为了区别企业集团母子公司的差异或用色彩对企业不同部门、品牌或产品的区别，一般均采用标准色加辅助色的标准色形式。例如，加拿大太平洋关系企业的标志相同，而以色彩区别不同的企业部门；日本东急企业集团标准色为红色，各关系企业依经营内容的不同使用不同的色彩；日本麒麟啤酒标准色为红色，另用橙、绿等8个辅助色来区别不同的商品类别；日本生命保险公司以红色为企业的标准色，另外用10个辅助色区别其不同的服务内容。

企业标准色的设定不能随意为之，必须根据企业的经营理念、性质及色彩自身的象征性来加以设定，才能准确地传递特定的企业形象。

例如，"拥有一片故土"大型旅游工程的CI策略，设定黄色为项目活动的标准色，红色、深蓝色为辅助色，其设定的根据如下。

我国古代文明发源于黄河流域，黄色在我国传统民俗中意味着大地、土地，这与"拥有一片故土"大型旅游工程要表达的主题思想密切吻合，十分切题。

我国古代崇尚黄色，黄色有鲜明的中华民族是龙的子孙的联想，同时又给人以高尚、富贵、庄严、神秘的联想，这与"拥有一片故土"大型旅游工程的内涵有着十分紧密的联系。

在色彩心理上，金黄色给人以光明、流动、希望、快乐等抽象的感情联想，十分吻合人们在旅游中追求快乐、轻松等心理感情趋势，故与"拥有一片故土"的旅游主题十分一致。

红色在视觉上有强烈的刺激度，有良好的识别力，在视觉心理上给人以健康、活力、朝气、热情、幸运等联想，也是我国传统习俗上喜欢选用的喜庆和吉利的色彩，作为具有唤醒生命力使之升华到神圣意境形象的红色，与"拥有一片故土"主题要表达的内涵十分一致。

深蓝色的设定有两种含义，一是深蓝色在明度上接近黑色，给人以沉重、浑厚、深幽的土地的联想，与故土主题有自然的联想；二是深蓝色与"拥有一片故土"大型旅游工程的承办单位海王集团的蓝色标志是同一色相，能使人自然联想到海王集团。

确定黄色为标准色和红蓝两色为辅助色,其中黄色、红色均为大陆及海外的华夏子孙所喜爱,能领悟其中含义,乐于接受的色彩,对于外国人来说,黄与红正是象征神秘古老的中华文明的代表色彩,易于激起他们求新猎奇的心理,萌生参与"拥有一片故土"活动的动机。因此标准色与辅助色都与目标对象的特定心理吻合,有利于主题的表达。

在视觉传达上,黄、红、深蓝都有良好的视觉表现力,不论是以主调单独使用还是组合运用,都能获得良好的视觉效果,能塑造令人难忘并且独特的项目识别形象。

第四节　企业VI应用要素设计

应用要素系统设计是对基本要素系统在各种媒体上的应用所做出的具体而明确的规定。

当企业视觉识别的最基本要素标志、标准字、标准色等被确定后,就要从事这些要素的精细化作业,开发各种应用项目。VI各视觉设计要素的组合系统因企业规模、产品内容而有不同的组合形式。最基本的是将企业名称的标准字与标志等组成不同的单元,以配合各种不同的应用项目。当各种视觉设计要素在各应用项目上的组合关系确定后,就应严格地固定下来,以期达到通过统一性、系统化来加强视觉诉求力的效果。

应用要素系统大致有如下内容。

一、办公事务用品

办公事务用品的设计制作应充分体现出强烈的统一性和规范化,表现出企业的精神。其设计方案应对办公用品形式排列顺序进行严格规定,统一标志图形安排、文字格式、色彩套数及所有尺寸依据,以形成办公事务用品的严肃、完整、精确和统一规范的格式,给人一种全新的感受并表现出企业的风格,同时也展示出现代办公的高度集中化和现代企业文化向各领域渗透传播的攻势。办公事务用品包括:信封、信纸、便笺、名片、徽章、工作证、请柬、文件夹、介绍信、账票、备忘录、资料袋、公文表格等。如图7-86所示为童乐美术产品封面。

图7-86　童乐美术产品封面

二、企业外部建筑环境

企业外部建筑环境设计是企业形象在公共场合的视觉再现,是一种公开化、有特色的群体设计和标志着企业面貌特征的系统。在设计上借助企业周围的环境,突出和强调企业识别标志,并贯彻于周围环境当中,充分体现企业形象统一的标准化、正规化和企业形象的坚定性,以便使观者在眼花缭乱的都市中获得好感。企业外部建筑环境主要包括:建筑造型、旗帜、门面、招牌、公共标识牌、路标指示牌、广告塔等。如图7-87所示为印有中国网通公司标志的旗帜。

图7-87 中国网通旗帜

三、企业内部建筑环境

企业内部建筑环境是指企业的办公室、销售厅、会议室、休息室、产房内部环境形象。设计时是把企业识别标志贯彻于企业室内环境之中,从根本上塑造、渲染、传播企业识别形象,并充分体现企业形象的统一性。企业内部建筑环境主要包括:企业内部各部门标示、企业形象牌、吊旗、吊牌、POP广告、货架标牌等。如图7-88所示为童乐美术的企业形象吊旗。

图7-88 童乐美术的企业形象吊旗

四、交通工具

交通工具是一种流动性、公开化的企业形象传播载体,其多次的流动并给人瞬间的记忆,有意无意地建立起企业的形象。设计时应具体考虑它们的移动性和快速流动的特点,要运用标准字和标准色来统一各种交通工具外观的设计效果。企业标志和字体应醒目,色彩要强烈才能引起人们的注意,并最大限度地发挥其流动广告的视觉效果。交通工具主要包括轿车、中巴、大巴、货车、工具车等。如图7-89所示为大巴车车身广告效果。

五、服装服饰

企业整洁高雅的服装服饰统一设计,可以提高企业员工对企业的归属感、荣誉感和主人翁意识,改变员工的精神面貌、促进工作效率的提高,并使员工纪律严明和对企业有责任心,设计应能严格区分出工作范围、性质和特点,以符合不同岗位的着装。服装服饰主要有经理制服、管理人员制服、员工制服、礼仪制服、文化衬衫、领带、工作帽、胸卡等。如图7-90所示为员工制服的设计图。

图7-89　大巴车车身广告

图7-90　统一的员工制服

六、广告媒体

企业选择各种不同媒体的广告形式对外宣传，是一种长远、整体、宣传性极强的传播方式，可在短期内以最快速度、在最广泛的范围中将企业信息传达出去，也是现代企业传达信息的主要手段。广告媒体主要有电视广告、报纸广告、杂志广告、路牌广告、招贴广告等。如图7-91所示为童乐美术广告牌。

图7-91　童乐美术广告牌

七、产品包装

产品是企业的经济来源，产品包装起着保护、销售、传播企业产品形象的作用，是一种记号化、信息化、商品化流通的企业形象，因而代表着产品生产企业的形象，并象征着商品质量的优劣和价格的高低。所以系统化的包装设计具有强大的推销作用。

成功的包装是最好最便利的宣传介绍企业和树立良好企业形象的途径。产品包装主要包括纸盒包装、纸袋包装、木箱包装、玻璃包装、塑料包装、金属包装、陶瓷包装、包装纸等。如图7-92所示为爬虫灯具产品包装的设计。

图7-92　爬虫灯具产品包装

八、企业礼品

企业礼品主要是为使企业形象或企业精神更形象化和富有人情味，而用来联系感情、沟通交流、协调关系的，是以企业标志为导向、以传播企业形象为目的将企业形象组合表现在日常生活用品上的。企业礼品同时也是一种行之有效的广告形式，主要有T恤衫、领带、领带夹、打火机、钥匙牌、雨伞、纪念章、礼品袋等。如图7-93所示为企业礼品的设计图。

九、陈列展示

陈列展示是企业营销活动中运用广告媒体突出企业形象，并对企业产品或销售方式进行传播的活动。在设计时要突出陈列展示的整体感、顺序感和新颖感，以表现出企业的精神风貌。陈列展示主要包括橱窗展示、展览展示、货架商品展示、陈列商品展示等。如图7-94所示为商店的橱窗展示设计。

图7-93　企业礼品的设计图

图7-94　某商店的橱窗展示

十、印刷出版物

企业的印刷出版物品代表着企业的形象，直接和社会大众见面。在设计时为取得良好的视觉效果，充分体现出强烈的统一性和规范化，表现出企业的精神，编排要一致，固定印刷字体和排版格式，并将企业标志和标准字统一设置某一特定的版式风格，造成一种统一的视觉形象来强化公众的印象。印刷出版物主要包括企业简介、商品说明书、产品简介、企业简报、年历等。如图7-95所示为企业印刷出版物封面。

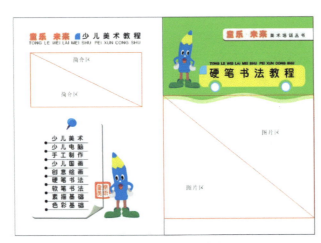

图7-95　企业印刷出版物封面

十一、组合规范

企业形象设计的组合规范主要有以下几点。

(1) 在规范的组合形式上增加其他造型符号。

(2) 规范组合形式中基本要素的大小、广告、色彩、位置等的变换。

(3) 基本要素被进行规范以外的处理，如标志加框、立体化、网线化等。

(4) 规范组合进行字距、字体变形、压扁、斜向等改变。

(5) 专用字体：专用字体包括现有标准字体和指定字体。其中，标准字体多用于企业名称、商品名称、商标名称等。指定字体常用于部门名称、设施名称、分支机构名称及其地址、广告内容、正式文书等。

第五节　企业形象VI设计的新领域

CI设计新型识别战略的产生是时代发展的需要，我们在体验新型战略给企业带来经济效益的同时，还要清楚地认识到各种新型识别战略的深层含义。

拓展知识

茅台酒的感觉识别系统

1915年，在巴拿马万国博览会上，中国茅台酒工作人员摔酒溢香，茅台酒独特的香味首先赢得了各国专家的好感，接下来，工作人员通过茅台酒的色泽、口感、品尝后的感受、美丽的传说，以及独特的包装征服了各国的评委，并让大家牢牢记住了这个东方神奇的"玉液"——茅台酒。这就是茅台酒的"嗅觉""味觉""情感""视觉"等感觉识别系统在起作用。如图7-96所示为茅台酒的包装设计。

图7-96　茅台酒包装

一、感觉识别的应用

感觉识别是一个包罗万象的系统，它通过视觉、听觉、嗅觉、味觉、触觉等人类一切可以感知外界事物的综合感官刺激和接收企业信息、树立品牌形象。在高度信息化的现代社会，只有有效抓住公众的感觉，企业的产品才会引起公众的注意，让人们通过感官刺激记住所要传达的企业形象。

（一）视觉识别系统中听觉识别的介入

在数字化信息时代的今天，听觉识别已介入视觉识别系统中。听觉识别，是通过听觉刺激传达企业理念、品牌形象的系统识别方式。

当我们打开计算机时，听到"叮咚——"的声音，就知道进入Windows系统了，如图7-97所示为Windows系统界面。

当孩子们听到"一起呀呀一起一起呀呀"的可爱主题曲时，就想起可爱的优彼亲子熊，如图7-98所示为优彼亲子熊广告。

图7-97　Windows系统界面

图7-98　优彼亲子熊广告

随着个性化要求的增强，声音完全可以成为一种新的识别方式。一段优美的旋律可以深深地打动人心，甚至比视觉更强烈。

听觉识别主要由以下内容构成。

1. 主体音乐

主体音乐是企业的基础识别，主要包括团队歌曲、企业形象歌曲，主要用于强化企业精神理念、增加企业的凝聚力。

2. 标志音乐

标志音乐主要用于企业的广告和宣传中的音乐，一般是从企业主题音乐中摘录出的高潮部分，具有与商标同样的功效。

3. 主题音乐扩展

主题音乐扩展是通过交响乐、民族器乐、轻音乐等高层次展示企业形象的音乐，可对企业形象进行全方位充分展示。

4. 广告导语

广告导语一般是广告语中的浓缩部分，以很简洁的一句话来体现企业精神、凸显产品个性，如汰渍洗衣粉广告"有汰渍，没污渍"。

（二）视觉识别系统中触觉的介入

任何事物都由特定的材质构成，不同的材质表面产生不同的触觉感受，这就是物体的肌理感，肌理是物体外表的质地特征，质地的软、硬、光滑、粗糙，从外观上就可以看出。质感大致可分为两种：视觉型和触觉型。视觉型就是我们所说的视触觉，视触觉是将真正的触觉经验转化为视觉信息。我们可以通过视触觉来判断新事物，以此来诱导我们产生接触的愿望或警示我们远离危险。例如，没有人愿意把手放到锋利的刀刃上，当人们看到锋利的刀刃

第七章　企业形象VI的设计程序

会让人产生危险、伤痛的感觉。而当我们面对毛茸茸的雏鸡时，很愿意把它捧在手中，因为我们原有的经验告诉我们，雏鸡没有攻击性，于是原有的经验诱导了我们的行为。

在CI设计中，视触觉导入必须建立在触觉的高度可视化的基础上，也就是它必须有较强的视觉传达功能，能合理导入可视的触觉信息，可以帮助品牌树立更有亲和力的视觉形象。

（三）嗅觉、味觉在识别系统中的应用

在化妆品及饮食业等日常消费领域，人们对味觉的感受比较看重。味觉能影响人的心情，特殊的味觉能让人记忆持久。比如，当消费者购买香水时，除认同品牌外，还通过嗅觉的参与来辨别产品。再比如，当一个盲人从麦当劳门口经过时，尽管他什么都看不见，却能够通过汉堡包的气味知道这里既不是肯德基也不是艾德熊，这就是嗅觉在发挥识别作用。

二、情感识别的应用

情感识别是指企业塑造某种气氛，或引发情绪和情感唤醒等，以期消费者形成积极的品牌态度来强化品牌形象的识别系统。情感诉求是现代企业广泛采用的诉求方式，它通过赋予产品以个性化、人性化的特征或者赞助希望工程、发布关注环保、爱惜时间的公益广告，与消费者进行心灵情感上的沟通。情感识别在消费者心目中唤起的认知具有持久性和连续性，有利于品牌忠诚度的建立，是企业跳出产品的范畴，以情动人树立品牌形象的识别系统。情感识别系统包括公益活动、公益广告、赞助大型社会活动等。

三、新技术发展对视觉识别的影响

自从计算机技术被引入设计领域以来，实现创意的手段和方法变得越来越丰富。以前标志设计受技术的制约，崇尚简约，随着计算机技术和软件功能的不断完善，标志设计也因此而焕发出全新的活力。此外，材料技术的突破也为视觉系统的发展起到了重要的推动作用。

最突出的例子是2000年汉诺威世博会的标志，它是一个展现时空流动和延伸、不断变化形态和色彩、无固定结构的图形，能根据不同的场合变换结构与色彩搭配，在整体结构不变的情况下，时刻呈现不同的运动状态，特征非常鲜明，无论应用在什么地方，都能达到有效而准确的视觉识别目的。它极富动感的造型与传统静止的印刷形态产生了强烈的对比，这个视觉识别系统的成功是标志设计领域运用手段变化的重要启示。如图7-99所示为2000年汉诺威世博会的标志。

图7-99　2000年汉诺威世博会标志

随着信息时代的到来，传统的媒介方式受到前所未有的挑战，人与人之间信息的传播逐渐偏重于网络虚拟化，在这种情况下，标志设计风格也出现了新趋势。典型的代表有三维造型的应用、材质和光泽的应用、渐变色彩的应用等。各大知名企业纷纷顺应时代的发展需求，更新或设计新的视觉识别系统，尤其是高科技类企业如微软、苹果、新浪、索尼，以及一些著名的网站等，都将自己的产品标志升级更换为极具时尚感的新标志，其绚丽的光泽、晶莹剔透的质感，象征着企业与时俱进与高技术含量的特征。这种虚拟三维空间的可触化效果，增强了标志的实体感，给人以更强的视觉冲击力。

20世纪90年代，网络逐渐进入我们的生活。21世纪，网络应用已经普及社会的各个层面。网络互动已成为互联网环境中品牌设计的新要求，网络在社会生活中的优势使企业将网络广告作为对外宣传的重要手段。据统计，有90%的上班族用网络安排生活，如购物、旅行、交费等。

1．企业形象主要由哪些部分组成？分别有什么功能？
2．什么是企业标志？它有什么特点？

制作"红绿蓝三人行"公司标志

1．项目背景

公司的业务开展得很顺利，为了让公司在社会上更具知名度，公司决定设计出符合公司名称、具有公司特色的标志。这一任务落在了小张、小王两位员工身上。

2．项目任务

了解标志制作要素；掌握标志设计的特点表现形式。

3．项目分析

标志、徽标、商标(Logo)是现代经济的产物，它不同于古代的印记。现代标志承载着企业的无形资产，是企业综合信息传递的媒介。企业强大的整体实力、完善的管理机制、优质的产品和服务，都被涵盖在标志中，通过不断地刺激和反复刻画，深深地留在受众心中。

Logo设计是将具体的事物、事件、场景和抽象的精神、理念、方向通过特殊的图形固定下来，使人们在看到Logo标志的同时，自然地产生联想，从而对企业产生认同。 标志(Logo)与企业的经营紧密相关，是企业日常经营活动、广告宣传、文化建设、对外交流必不可少的元素，好的标志随着企业的成长，其价值也不断增长。好的Logo设计无疑是企业日后无形资产积累的重要载体。

Logo设计主要考虑从以下几个方面入手。

步骤1 确定样式。标志的样式大致分为以名称的文字定位(中文、英文、拼音)、名称的图形定位、名称的图文配合定位三种方法。因此在设计之前,我们首先要确定标志的样式。

步骤2 标志构思手法。在设计标志时,我们主要有以下几种构思方法。

(1) 表象手法:采用与标志对象直接关联且具典型特征的形象,直述标志。这种手法直接、明确、一目了然,易于迅速理解和记忆。

(2) 象征手法:采用与标志内容有某种意义上联系的事物图形、文字、符号、色彩等,以比喻、形容等方式象征标志对象的抽象内涵。

(3) 寓意手法:采用与标志含义相近似或具有寓意性的形象,以影射、暗示、示意的方式表现标志的内容和特点。

(4) 模拟手法:用特性相近事物形象模仿或比拟所标志对象特征或含义的手法。

(5) 视感手法:采用并无特殊含义的简洁而形态独特的抽象图形、文字或符号,给人一种强烈的现代感、视觉冲击感或舒适感,引起人们注意并难以忘怀。这种手法不靠图形含义而主要靠图形、文字或符号的视感力量来表现标志。我们要从标志的表现手法入手,在确定某一种表现方法后,开始标志的设计。

第八章

经典企业形象设计案例解析

学习要点及目标

- 了解中国网通公司企业形象设计的特点。
- 了解企业形象设计的基本程序。

本章的学习目标是通过对经典企业形象设计案例的学习，了解企业形象的设计流程和设计思路。

第一节　中国网通公司企业形象设计

一、中国网通公司简介

中国网络通信集团公司(以下简称中国网通)是中国特大型电信企业，是北京2008年奥运会固定通信服务合作伙伴，是国内外知名的电信运营商。

中国网通具有100多年的悠久历史。2002年5月16日，根据国务院《电信体制改革方案》，中国网通在原中国电信集团公司及其所属北方十省(区、市)电信公司、中国网络通信(控股)有限公司、吉通通信有限责任公司的基础上组建而成。2004年11月，中国网通在纽约、香港成功上市。

中国网通是经国务院批准、国家授权投资的机构和国家控股的试点单位，由中央直接管理。中国网通注册资本为600亿元，资产总额近3000亿元。

中国网通拥有覆盖全国、通达世界、结构合理、技术先进、功能齐全的现代通信网络，主要经营对象为国内、国际各类固定电信网络设施并提供相关电信服务。

目前，中国网通正在致力于发展宽带通信，以"宽带商务""CNCMAX宽带我世界""金色俱乐部"以及"10060"为代表的各类业务或服务品牌已家喻户晓。

中国网通将通过实施"宽带""奥运""国际化"三大战略来逐步推进企业的战略转型，以期把中国网通建设成为业务种类齐全、服务质量优良、网络运行稳定、现代企业制度基本建立、全面协调可持续发展的宽带通信和多媒体服务提供商。中国网通以实现建设"电信强国"为战略目标，正在不断提高企业的核心竞争力，为国民经济和社会发展做出新的贡献。

二、中国网通标志释义

中国网络通信集团公司的企业标志由文字和图形两部分组成，具有鲜明的时代特征和行业特点，标志由两个互动的英文字母C组成一个虚形的N。这个标志既是中国网通集团英文简称CHINA NETCOM的缩写，又是中文"网"字的写意形式，生动地将电信行业交流互动的特点转化为视觉形象，其圆形的轮廓，象征着中国网通全球化的发展趋势，蓝色背景和绿色字母的巧妙结合蕴含了科技与未来的深刻寓意，中文字体以合适的倾斜角度有力地传递出企业奋发有为的进取精神。

中国网通标志具有独特的艺术美感和象征意义,是一个富有生命力的有机整体,它融合了中国电信北方十省(区、市)、中国网络通信(控股)有限公司和吉通通信有限责任公司原标志的特征,形象地勾勒出中国网通集团汇集内部一切积极因素和优秀资源的内在品质,体现了中国网通集团作为一个特大型国有电信企业带领全体员工共同奋斗的信心和决心。中国网通的标志如图8-1所示。

图8-1 中国网通的标志

三、中国网通企业理念解析

中国网通的企业理念是:竞合赢得市场、融合创造力量、诚信铸就品牌、服务编织未来。

(一) 竞合赢得市场

"竞合赢得市场"是中国网通集团以崭新的姿态参与电信市场竞争与合作的战略目标。中国网通将与国内外各大电信运营商及社会有关方面在竞争中谋求合作,在合作中有序竞争,积极推进技术手段的平等介入,做好互联互通工作,实现多方共赢。

(二) 融合创造力量

"融合创造力量"既是中国网通集团改革与发展的前提和基础,也是现阶段中国网通集团企业文化建设的需要。中国网通集团的每一位员工都将秉承"融合创造力量"的信条,迅速形成中国网通的凝聚力,为中国网通集团的可持续健康发展奠定坚实的基础。

(三) 诚信铸就品牌

"诚信铸就品牌"是中国网通集团铸就知名品牌的立足之本,是中国网通集团对社会及广大用户最郑重、最庄严的承诺。中国网通集团将以此赢得客户和合作伙伴的真正信任和公司更长远的合作,发挥品牌效应,实现经济效益和社会效益的统一。

(四) 服务编织未来

"服务编织未来"是中国网通集团经济战略的具体体现和参与未来市场竞争的基本手段。提供优质的服务是中国网通集团经营战略的出发点和落脚点,用户满意是对中国网通集团的最高评价。中国网通集团将向社会展现全新的服务形象,在市场竞争中赢得主动权。

"竞合赢得市场、融合创造力量、诚信铸就品牌、服务编织未来"四者相互作用,相辅相成,它们之间有着内在的必然联系,共同组成一个较为系统的理念体系。中国网通将在寻求业界同仁及社会各界广泛共鸣的同时,引领中国网通集团的全体员工不辜负党和人民的重托,团结奋斗,励精图治,完成"电信强国"的历史使命。

四、中国网通企业形象设计欣赏

图8-2～图8-63是中国网通的企业形象设计过程图。

图8-2　网通标志竖式样式

图8-3　网通标志横式样式

图8-4　竖式、横式标志规范

标志底色的灰色为K40

图8-5　标志底色参数

企业标准色反白效果标志底色的灰色为K40

黑色反白效果标志底色的灰色为K40

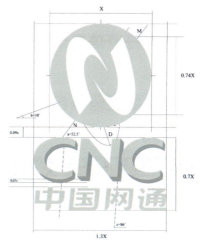

图8-6　不同底色的效果　　　　　　图8-7　标志设计图

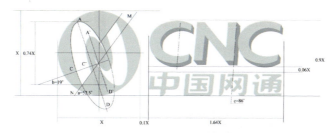

图8-8　网通标志设计规格

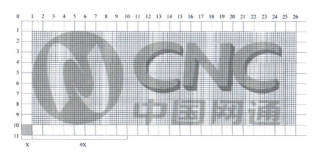

图8-9　网通标志设计图

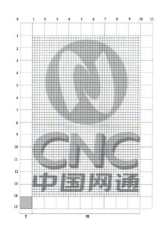

图8-10　中国网通标志

企业简称中文字体

企业简称中文字体坐标制图

企业简称中文字体反白效果

图8-11　企业简称中文样式

企业简称英文字体

企业简称英文字体坐标制图

企业简称英文字体反白效果

图8-12　企业简称英文样式

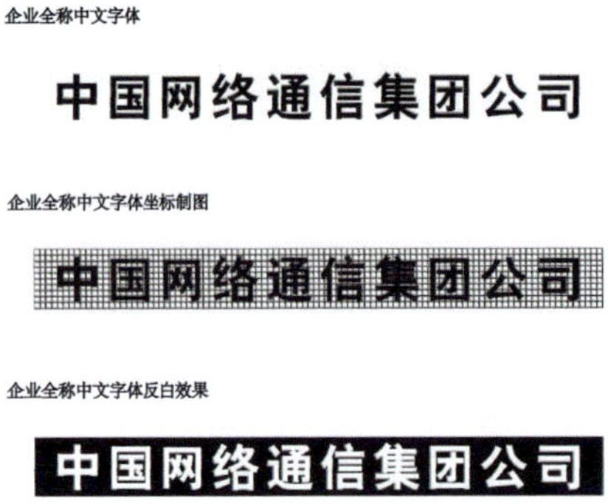

企业形象(CI)设计

企业全称中文字体

中国网络通信集团公司

企业全称中文字体坐标制图

中国网络通信集团公司

企业全称中文字体反白效果

中国网络通信集团公司

图8-13　企业全称中文横样式

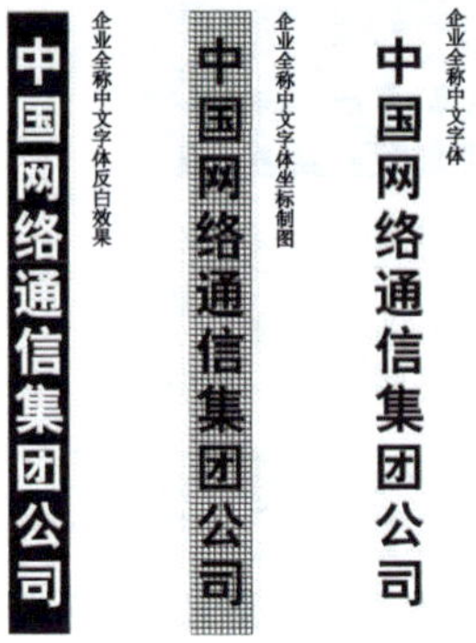

图8-14　企业全称中文竖样式

企业全称英文字体

CHINA NETCOM COMMUNICATION GROUP CORPORATION

企业全称英文字体坐标制图

CHINA NETCOM COMMUNICATION GROUP CORPORATION

企业全称英文字体反白效果

CHINA NETCOM COMMUNICATION GROUP CORPORATION

图8-15　企业全称英文横样式

图8-16　企业全称英文竖样式

企业全称中英文字体混合

中国网络通信集团公司
CHINA NETCOM COMMUNICATION GROUP CORPORATION

企业全称中英文字体混合坐标制图

中国网络通信集团公司
CHINA NETCOM COMMUNICATION GROUP CORPORATION

企业全称中英文字体混合反白效果

中国网络通信集团公司
CHINA NETCOM COMMUNICATION GROUP CORPORATION

图8-17　企业全称中英文混合横样式

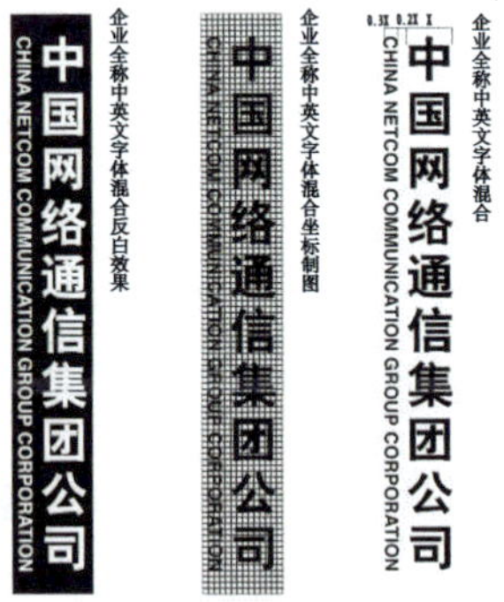

图8-18　企业全称中英文混合竖样式

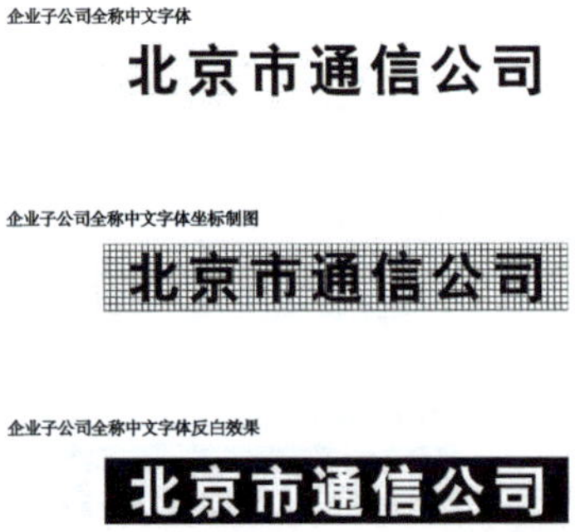

企业子公司全称中文字体

北京市通信公司

企业子公司全称中文字体坐标制图

北京市通信公司

企业子公司全称中文字体反白效果

北京市通信公司

图8-19　企业子公司全称中文样式

第八章　经典企业形象设计案例解析

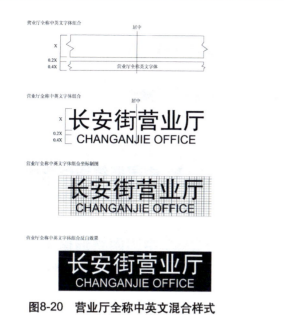

图8-20　营业厅全称中英文混合样式

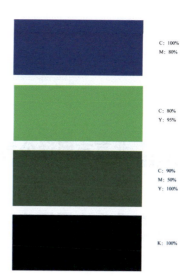

图8-21　企业标准色

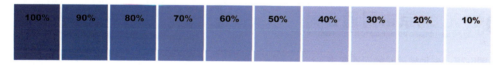

图8-22　企业标准色色阶规范

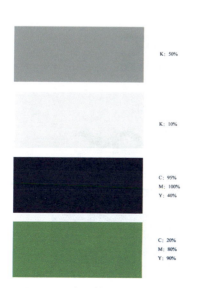

图8-23　企业辅助色

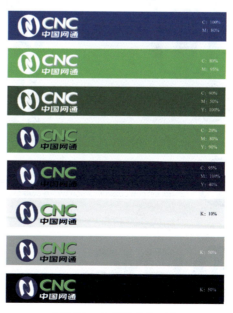

图8-24　色彩搭配专用表

企业形象(CI)设计

图8-25 辅助线饰使用规范

图8-26 未加辅助线的网通标志　　　　　　　图8-27 添加辅助线的网通标志

组合错误　　　　　　字标排列错误　　　　　文字色彩错误　　　　　色彩不合规格

组合错误

标志色彩错误

字体错误

标志反白错误

图8-28 图形禁止组合规范　　　　　　　　图8-29 色彩不合规格

第八章　经典企业形象设计案例解析

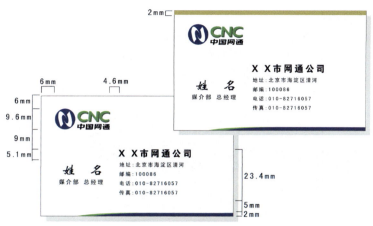

图8-30　中文名片样式

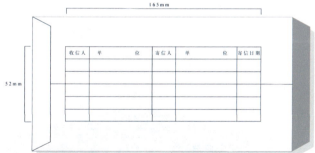

图8-31　内部专用信封样式

图8-32　信封样式(一)

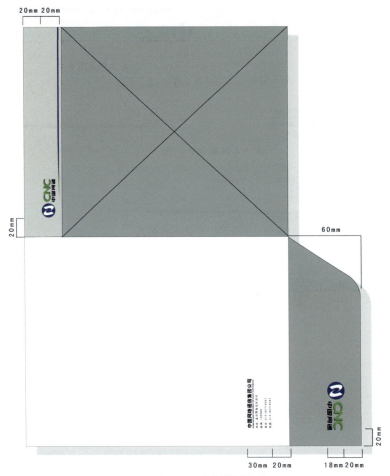

图8-33 信封样式(二)

图8-34 信封样式(三)

第八章 经典企业形象设计案例解析

图8-35 应急通信车样式

图8-36 接站标牌样式

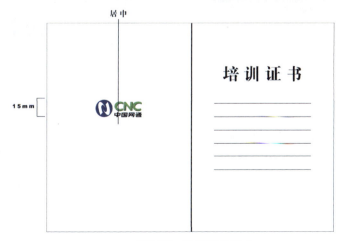

图8-37 培训证书样式

图8-38 笔的样式

图8-39 便笺纸样式

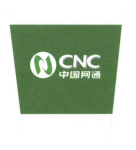

图8-40 纸杯样式

图8-41 标签设计图

图8-42 工作证和磁卡样式

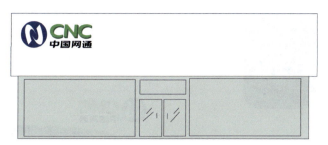

图8-43　文件柜的样式

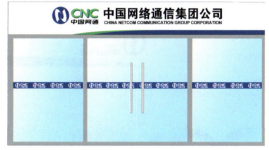

图8-44　警戒线样式

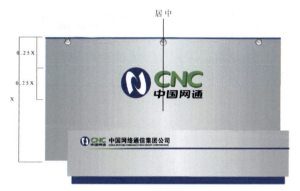

图8-45　网通CI的应用(一)

图8-46　网通CI的应用(二)

图8-47　指示牌横、竖样式

企业形象(CI)设计

图8-48 公用电话标牌   图8-49 收费条设计图

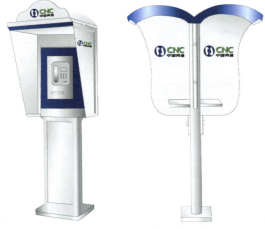

图8-50 电话亭设计图   图8-51 发布会发言席样式

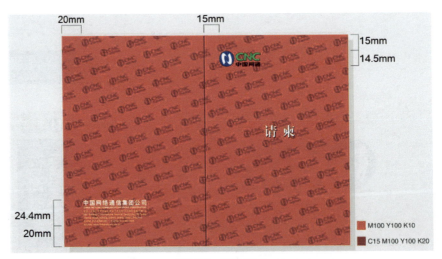

图8-52 请柬样式

(a) 彩色报广规范

(b) 黑白报广规范

图8-53 彩色和黑白报广规范(一)

(a) 彩色报广规范

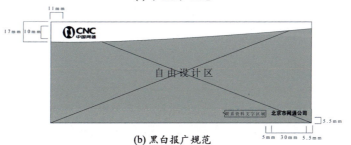
(b) 黑白报广规范

图8-54 彩色、黑白报广规范(二)

图8-55 贺卡样式

图8-56 烟灰缸样式

图8-57 打火机样式

企业形象(CI)设计

图8-58　员工制服(一)　图8-59　员工制服(二)　　　　图8-60　员工制服(三)

图8-61　帽子样式

图8-62　领带样式　　　　　　图8-63　茶杯和水壶样式

第二节　国外经典企业形象设计

一、欧美CI范例：麦当劳的形象设计

麦当劳的案例被日本人收进他们的CI专著《日本型CI战略》(台湾风堂出版社)，因为麦当劳的理念、行为、视觉识别均很出色。但是麦当劳从未从整体CI的角度标榜过自己，麦当劳CI设计的初衷和思路恐怕主要是针对连锁经营。麦当劳无心插柳，却成了日本人认同的CI典范，这说明CI与经营、管理在某种意义上殊途同归。

麦当劳的企业识别有三大特点：第一，企业理念明确；第二，企业行动和企业理念具有一贯性；第三，企业外观设计统一化。麦当劳企业在美国现代社会中具有强烈的现代意义，其企业理念是Q、S、C+V，即质量(Quality)、服务(Service)、清洁(Clean)、价值(Value)。如图8-64所示为麦当劳产品的标志。

图8-64　麦当劳产品的标志

麦当劳，世界上最著名的快餐企业集团之一，在全世界120个国家和地区范围内拥有3万多家连锁店，每个连锁店不论在哪个国家和地区都以相同的方式服务于它的顾客，以相同的形象吸引着世界各地的消费者。麦当劳以成功综合CI的三个要素MI、BI、VI导入CI而著称。

麦当劳CI的设计与导入明确地体现出其CI的独特性。正是这种独特性，使消费者一眼即可认出它，而且这种独特性不仅仅表现在企业标志、标准字体、标准色等企业视觉设计不同于其他企业，还表现在企业的理念及其对理念的贯彻实施不同于其他企业。这就使得麦当劳在激烈的竞争中始终立于不败之地，跻身世界快餐强手之林。它的成功就在于不仅有明确的企业理念(MI)Q、S、C+V，而且有强有力的方式去表现(VI)与贯彻(BI)这一企业理念。

（一）麦当劳的理念和行为识别系统

当今社会是一个讲究效率、珍惜时间的社会，麦当劳以此为出发点经营快餐店，达到了真正的"快速"，并以快取胜，顾客只需要排一次队就能取到食物。讲究效率，注意服务质量，一切从方便顾客出发，是麦当劳的重要经营思想。麦当劳在创办后不久其创始人雷·柯克在总结经验的基础上为麦当劳快餐店的经营确定了三项方针：重视提高质量、注意服务态度、讲究清洁卫生，这实际上就是Q、S、C。麦当劳的这种企业理念实践过一段时间后又把V即物有所值加上去，形成了现在所谓的Q、S、C+V，意思就是麦当劳为消费者提供品质上乘、服务周到、环境清洁、物有所值的服务。为了确保这些企业理念的实施，麦当劳经常派出专门人员到各地进行突击式的查访，发现问题及时纠正。几十年来，麦当劳正是由于在行动中认真贯彻了它的企业理念，才得以在竞争中立于不败之地。

1. 质量

麦当劳制定了一套严格的质量标准，并要求设在各地的连锁店统一实行。为了确保顾客享受的食品品质最新鲜、味道最纯正，麦当劳作了一系列具体的规定，如生菜从冷藏库到配料台上只有两个小时的保鲜期，过期就不用；烧好的牛肉饼出炉后超过10分钟、法式油炸薯条超过7分钟、汉堡包超过10分钟就毫不吝惜地扔掉；甚至连如何制作食品都标准化了，制肉原料必须挑选精瘦肉，不能有内脏这样的下等原料，脂肪含量也不得超过19%，"煎汉堡包时必须翻动，切勿抛转"等。麦当劳食品的生产因此实现了标准化，无论在世界的哪个地方，只要是麦当劳的食品，其质量、配料以及品味都是一样的。

2. 服务

给顾客提供服务的时候最能体现一个企业的形象。为了使顾客能够得到真正周到的服务，麦当劳从员工进入公司的第一天就开始训练如何更好地服务顾客，使顾客100%满意。麦当劳的服务特色表现在："迅速与准确"，是指在顾客点完所要食品后，服务员会在1分钟内将食品送到顾客手中；"友善"是指所有店员都必须面露微笑，让顾客觉得很有亲切感，像在家里一样，忘记一天的疲劳和烦恼；"方便"是指麦当劳在美国四通八达的高速公路的两旁和郊区开了许多分店，并在距离店铺不远的地方安装了大量通话器，上面标着醒目的食品名称和价格，使外出游玩和办事的乘客经过这里时能够方便地得到所需的食品，同时为了让乘客携带方面，避免食品和饮料在车上倾倒或溢出，他们事先把准备卖给乘客的汉堡包和炸薯条装进塑料盒或纸袋里，并把塑料刀叉匙、餐巾纸、吸管等用纸袋包好，随同食物一起交给乘客，甚至在饮料杯盖子上也事先划好十字口以便顾客插入吸管。

麦当劳培养与消费者感情的有效方法就是设身处地地为其着想。在美国，麦当劳连锁店和住宅区邻接的地方，麦当劳餐厅内都会设置小型的乐园，以供孩子和家长在此休息，同时餐厅还专门为小朋友准备了漂亮的高脚椅和精美的小礼物，为顾客举办各种庆祝活动，为小朋友过欢乐的生日会，为团体提供订餐和免费送餐服务等。周到的服务使得这些地方的快餐生意几乎被麦当劳一家独揽了。

3. 清洁

麦当劳对员工的行为规范中明文规定：男士必须每天刮胡须、修指甲，随时保持口腔清洁，经常洗澡；男士不留长发，长发女士要带发网；餐馆里不许出售香烟和报纸；上岗操作前必须严格洗手消毒,甚至手在接触头发、制服或其他东西后,都要重新洗手消毒;在餐厅里,顾客一走便要清理桌面,凡是丢落在客人脚下的纸片要马上捡起来,"与其背靠着休息,不如起身打扫";所有的餐具、机器都会在打烊后彻底清洗消毒;保持店面常新,做到窗明、地洁、桌面净。顾客在这样的环境中就餐,也都习惯在离开前自觉将原盛放食品的纸盒、纸杯等扔到店内专设的箱内。

4．价值

价值是麦当劳强调的一个理念,即"提供更有价值的高品质物品给顾客"。为了适应当前的消费趋势,保持对消费者的最大吸引力,麦当劳提出"价值",强调产品与服务的附加价值。现在日本麦当劳快餐店的食品种类,要比刚到日本设店时增加很多。麦当劳不会同时促销好几种清凉果汁类,而是在一段时间销售苹果风味果汁,而在另一段时间内又推出别种水果风味,让顾客产生期待感,从而常常光顾麦当劳连锁店。麦当劳的食品质量高,营养按科学计算配备,价格合理,并让顾客在清洁、愉快的环境里享受快捷、营养的美食。这些因素都体现出麦当劳的"物有所值"。

(二)麦当劳的视觉识别系统

虽然麦当劳成功的根本原因是麦当劳的企业理念及对理念的坚决贯彻,但其出色的视觉识别系统也是其成功的不可忽视的重要原因。如图8-65所示为麦当劳的企业标志。

图8-65　麦当劳企业标志

麦当劳以十分醒目的金黄色弧形M作为企业标志,它是麦当劳在世界各地的3万多家连锁店的统一招牌。M形图案设计呈流线形,和店铺大门的形象搭配起来,令人产生想要走进去的欲望。从图形上来说,M形标志是很单纯的设计,无论大小均能再现,而且从很远的地方就能识别出来。这座M形的双拱门象征着欢乐与美味,象征着麦当劳的"质量、服务、清洁和价值"。麦当劳以黄色为标准色,稍暗的红色为辅助色。黄色,象征着麦当劳黄金一样的品质,它要为广大顾客提供品质上乘、服务周到、环境清洁和物有所值的产品与服务,而且黄色在任何气象状况或时间里可视性都很高。

作为麦当劳的另一标志,麦当劳大叔象征着祥和友善,他告诉广大顾客麦当劳永远是大家的朋友,是社区的一员,并时刻准备着为儿童和社区的发展贡献一分力量。麦当劳名称的英文字母和中文汉字都设计得简明易读。快餐店的建筑物屋顶也颇具特色,采用倾斜状的L形,所以在郊外远远地看到这种屋顶可立即断定是麦当劳快餐店。

麦当劳的宣传标语"世界通用的语言,麦当劳"现在已经风行世界各地,成为麦当劳自我介绍的一句话。这句标语没有设计成"美国口味,麦当劳",体现了麦当劳的前瞻眼光和开阔胸襟。

从上面可以看出，麦当劳作为快餐业的世界第一、以同一理念经营世界各地的3万多家连锁店，产生相同的企业行为，设计出规格化的统一视觉识别标志，这的确是CI设计的典范。在现代社会中，大多数企业都会有自己的企业理念，但是真正能很好地在行动中贯彻的并不多见。麦当劳向我们展示了赢家的良好作风，它是贯彻企业理念的典范，并为我国企业导入CI、设计CI提供了一个成功的范例。

不管我国企业现在的状况如何，只要这些企业很好地去设计自己的CI系统，整理出自己的企业理念，化之为每一个员工的行动并向社会公众有效地传达，就一定能成为一个名牌企业。

二、Esprit Golf国际著名服装品牌形象设计

Esprit作为知名的国际化服饰品牌，已成为现代生活中自由与时尚的代名词。它把高尔夫精神融入服装设计，为顾客提供价格适中的高品质产品，在带给他们新鲜感的同时也让他们体会到高贵与优雅。

下面以Esprit Golf 2006年夏秋系列产品为例介绍Esprit Golf的形象设计。

一方面，Esprit Golf 在面料的选用上非常注重质量，讲求自然和舒适，上乘的丝光棉使光泽度更好、手感更舒适且具有不易起皱的优点，满足了高尔夫爱好者对高品质的追求；另一方面，Esprit Golf注重高尔夫球服装的功能性，精心设计了一系列具有吸汗、散热、防紫外线等功能的服装，让高尔夫球手在任何时刻、任何地方都能感受到Esprit Golf 对他们的了解及体贴。

Esprit Golf夏秋系列在色彩的运用上亦别出心裁，为高尔夫球服饰带来了更多的朝气。主色有抢眼夺目的橙色，典雅非凡的海蓝，青春活泼的粉红色，当然还有Esprit的主打色——红色，不同的色系分别考虑到不同个性的顾客。

1. 价格定位

Esprit Golf的产品比一般Esprit的产品档次高，因而价位也相对较高。

2. 解决方案

风格定位：优雅、大气、高贵、活力、时尚。

表现方式：具象同抽象的对比，图形同摄影的对比。摄影采用情景摄影和单体产品摄影相结合。图片色调处理力求高雅、成熟、稳重，体现高尔夫球的独特气质，配合graphic系列，体现出活力、智慧、健康、时尚的品牌形象特征。

这种抽象图形与具象摄影相结合的表达方式是"Esprit在乎心态而非年龄"的最好的体现。如图8-66所示为Esprit Golf服装样式设计。

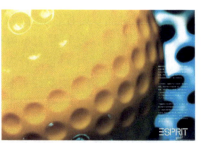

图8-66　Esprit Golf国际服装品牌形象设计

图8-66　Esprit Golf国际服装品牌形象设计(续)

第三节　企业视觉形象设计欣赏

一、"她喜爱"花草茶企业视觉形象设计欣赏

(一) 导入背景

美丽的女人是上帝的杰作,美丽的女人更需要呵护和宠爱。"CHERISH LADY(她喜爱)",一个崇尚天然与品位的花草茶品牌,以呵护和宠爱女人为己任,引进欧洲古典的花草茶生活方式,为中国女性奉献一系列天然纯净的花草茶产品,希望通过视觉、味觉、嗅觉及听觉使得蕴含着能量与美丽的花草植物养护女人的美丽,触动女人的心弦,抚慰女人的心灵,探索生命的灵感。如图8-67所示为"花草茶"的视觉形象设计。

图8-67　"她喜爱"花草茶的标志

(二) VI分析

"她喜爱"秉持严谨的管理,以科学的工艺根据每一种花草茶的特性与口感进行搭配和加工,将天然的花草植物开发为适应女性各种生理特点的时尚花草茶饮品,让更多的花草茶爱好者可以常常体验其幽香,并借由这天然植物香味保持一种纯净、自然的生活方式——让花草陪伴您的每一天,增强您的活力,稳定您的情绪,抚慰您的灵魂,诱发您的想象,呵护您的容颜。

(1) "她喜爱"花草茶的名片、信封、信纸设计，如图8-68所示。

图8-68 "她喜爱"花草茶的名片、信封和信纸

(2) "她喜爱"花草茶的请柬、手提袋设计，如图8-69所示。

(a) "她喜爱"花草茶的请柬　　　　　　(b) "她喜爱"花草茶的手提袋

图8-69 "她喜爱"花草茶的请柬和手提袋

(3) "她喜爱"花草茶的包装设计，如图8-70所示。

图8-70 "她喜爱"花草茶的包装设计

二、北京亚述视觉形象设计欣赏

（一）导入背景

北京亚述教育科技有限公司是一家专业的青少年创新思维培养的教育培训机构。公司精心打造并推出3D图形创意研究室与3D图形创意课程为一体的套餐，主要围绕立体图形绘画、3D数字模型制作、3D模型输出、智能互动四个环节展开，并通过声、光、电芯片等新技术集成智能控制，在个性化设计制作中渗透知识、智能、创造力的培养，创造互动和情境化的学习环境。在青少年创新领域不断创新，追求卓越，在调整心态、个人定位、提高自信、团队协作、自我实现等方面，全面增强学员的个人竞争力。如图8-71所示为亚述教育科技有限公司Logo设计及应用。

(a) 亚述教育科技Logo   (b) 活动小组组员帽   (c) 路边灯箱

图8-71 亚述教育科技标志及应用

（二）VI分析

亚述教育作为中国主要科技教育培训机构之一，具有深厚的品牌实力。一个完整的VI系统是公司企业文化的最直观的体现，作为一个主要面向全国青少年的VI(见图8-72)是时尚且国际化的，同时体现出高新科技、勇于创新、朝气蓬勃的企业精神。

(a) 亚述教育科技的POP   (b) 亚述教育科技的宣传册

图8-72 亚述教育科技的POP、宣传册

(三) VI释义

(1) 亚述教育科技标志的整体造型生动时尚、富有科技感。主标志图案是星座形象的抽象化，9个圆点象征了企业与时俱进、蓬勃发展的良好前景，图案中心部分是动感的圆形给受众以高科技、神秘、律动之感，象征企业创新的精神、卓越的培训、完善的服务。

(2) 标志以代表高科技、神秘、严谨的黑色为主色调，中间是宝石般璀璨的蓝色，黑蓝相间，使其整个充满神秘、稳重而不乏活跃的现代感。在企业VI系统的宣传品中，辅以黄、绿等明快颜色，增加其活跃、向上、热烈的元素，表现出青少年探索知识的严谨态度和朝气蓬勃的个性特征。

(3) 设计时将VI系统构建的重点放在企业的办公环境、宣传品的设计上，富有现代企业特色的宣传品和办公环境是一种简易、节约的公关策略，对提升企业形象具有重要意义。如图8-73所示为亚述教育科技有限公司的办公环境设计。

图8-73　办公环境设计

三、江苏联发集团视觉形象设计欣赏

（一）导入背景

江苏联发纺织股份有限公司是集纺纱、纺线染色、织造、整理、服装于一体的色织面料和服装生产企业，同时拥有自备的热电厂。公司占地50万平方米，总资产9亿元，现有员工4500人，年销售额达2.2亿美元，自营出口额达1.6亿美元，年产色织布7200万平方米，各式男女衬衫600万件。联发集团拥有中国最大的色织布生产工厂，跻身中国纺织公司综合实力榜前十名之列。如图8-74所示为江苏联发纺织股份有限公司的VI设计。

图8-74　联发集团视觉形象设计

图8-74　联发集团视觉形象设计(续)

(二) VI分析

作为中国纺织工业的前十名企业之一，联发集团却没有一个健全的VI识别系统甚至缺乏一个引人注目的标志。于是设计人员与联发集团负责人就联发的企业理念以及目标定位进行了多次的沟通。联发集团的老总亲自带设计人员到集团的车间考察，并就企业发展谈了一些自己的感想。让设计人员感触最深的就是联发人朴实真诚的处事风格以及联发不计其数的厂房车间。于是设计人员给联发的VI定位为高档、稳重但不失亲和力。如图8-75所示为联发集团的形象设计。

图8-75　挂牌与信封设计

(三) VI释义

(1) 联发集团的标志(见图8-76)以飘带为创意元素，以此表现面料特有的柔韧性，体现出公司的行业特征。

(2) 环绕的飘带首尾呼应，体现了企业的热情以及与各界合作的诚意。

(3) 标志整体形态的创意取自数字"无穷大"符号，旨在传达"合作创造无穷价值"的经营理念；同时，这个标志也是阿拉伯数字"8"的艺术化表达，由于"8"在中国传统观念里是吉祥与财富的象征，所以它预示着联发集团不断创造财富的美好前程。

(4) 标志给人以中国古代丝绸的质感，以及符号式抽象表现法。中西结合，既符合国际化的审美潮流，又体现了联发集团以振兴中国纺织为己任的责任感与民族情怀。

(5) 标志主色调为金黄色，它象征着丰收、财富和热情，寄托了联发人对于企业蓬勃发展的美好愿望。

图8-76　联发集团标志

四、哈哈儿童电视频道视觉形象设计欣赏

（一）导入背景

2004年7月18日，"哈哈"作为卡通标志伴随着东方少儿频道的成立呱呱坠地，它一跃成为上海家喻户晓的卡通明星，成为孩子们收视的好伙伴。如图8-77所示为"哈哈"儿童频道的标志。

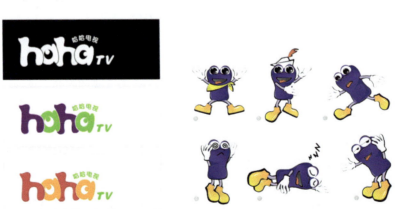

(a) 哈哈儿童频道的标志　　　　　　　(b) 哈哈的卡通形象

图8-77　哈哈儿童电视频道形象Logo设计

（二）VI分析

上海魔方企业形象设计有限公司根据电视频道特性以及作为传播对象的少年儿童所具有的爱好广泛、活泼开朗、热情善变的特点，采用经过卡通化处理的大眼吉祥物以及"哈哈"的英文字母HAHA作为主要设计元素，既符合少年儿童的喜好，又体现出东方少儿频道的品牌性质。如图8-78所示为哈哈儿童频道的卡通形象。

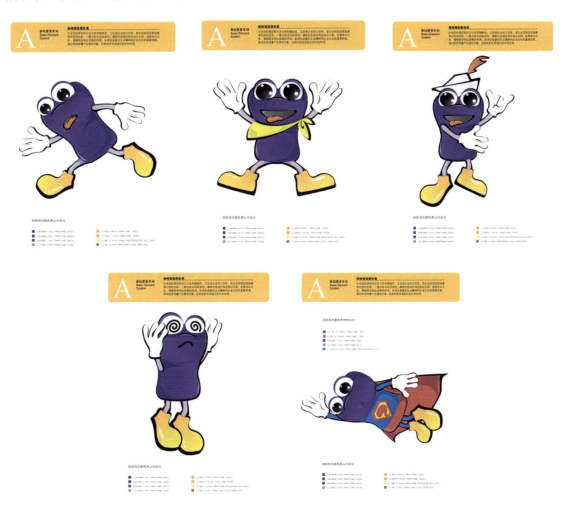

图8-78 哈哈卡通形象

（三）VI释义

(1) 因为传媒业是一个多变的行业，因此哈哈标志的色彩也没有设计成固定的一种颜色。

(2) 哈哈作为哈哈儿童频道的灵魂角色，代表了儿童的纯真与快乐，具有趣味性，其多样的动态表情传达出企业的丰满形象。

(3) 哈哈活泼、轻松、快乐的动态表情和健康形象很好地传达了东方少儿频道的企业理念及行业特点。

 **思考与练习**

1. 中国网通公司的标志有什么特点？它传达了什么理念？
2. 中国网通公司的企业理念是什么？

 **实训课堂**

为"上海风光电器"公司设计一整套企业形象

1. 项目背景

"上海风光电器"公司的业务蒸蒸日上，在社会上的知名度也逐渐扩大，为进一步加强企业的影响，他们请"红绿蓝三人行"广告公司为其企业形象进行重新塑造，以提升在广大消费者心目中的形象，促进企业的发展。

2. 项目任务

了解电器市场发展趋势，结合"上海风光电器"公司的企业性质为其设计具有特色的企业形象。

3. 项目分析

企业形象属于企业的无形资产的一个重要组成部分，是企业在一定经济活动中具有独立性和不可替代性的保证，它使企业从众多竞争者中脱颖而出，并显示出企业的行业特征和市场定位。

传达该企业的经营理念和企业文化，以形象的视觉形式宣传企业。

以自己特有的视觉符号系统吸引公众的注意力，使消费者对该企业所提供的产品或服务产生最高的品牌忠诚度。

提高该企业员工对企业的认同感，提高企业士气。

因此，缺乏企业形象对一个现代企业来说，就意味着它的形象隐匿于茫茫商海之中，企业成为一个没有灵魂的赚钱机器，工作团队涣散，员工士气低落，其产品与服务毫无个性，消费者对企业及其产品、服务丧失信心。

参 考 文 献

[1] 毛德宝. CIS设计[M]. 南京：东南大学出版社，1999.
[2] 陈君. 企业形象设计[M]. 武汉：湖北美术出版社，2001.
[3] 张成来. CIS设计[M]. 石家庄：河北美术出版社，2002.
[4] 王受之. 世界现代设计史[M]. 北京：中国青年出版社，2002.
[5] 陈青. 企业形象设计之助手——VI设计模板[M]. 西安：陕西人民美术出版社，2002.
[6] 喻湘龙. VI设计[M]. 南宁：广西美术出版社，2003.
[7] 梁梅. 信息时代的设计[M]. 南京：东南大学出版社，2003.
[8] 黄鸣奋. 数码艺术学[M]. 上海：上海学林出版社，2004.
[9] 赵洁. 企业形象设计[M]. 上海：上海人民美术出版社，2007.
[10] 邓玉璋. CIS设计基础[M]. 武汉：武汉大学出版社，2008.
[11] 杨武生. 企业形象设计[M]. 武汉：华中科技大学出版社，2013.
[12] 刘瑛，徐阳. CIS企业形象设计[M]. 武汉：湖北美术出版社，2009.
[13] 黄芳芳. 企业形象设计[M]. 北京：中国水利水电出版社，2013.
[14] 赵洁，马旭东. 企业形象设计[M]. 2版. 上海：上海人民美术出版社，2012.

推荐网站：

http://www.cndesign.com/中国设计网
http://www.pamoer.com/in.html非言设计
http://www.cldol.com/中国标志设计在线
http://www.sharelogo.cn/晒标网
http://www.3visual3.com/plane/vi/三视觉平面设计
http://www.shangchengdesign.com/Portfolio/BrandVI/Brand.aspx尚丞设计—品牌及视觉识别
http://www.agobrand.com/brand/VI&Logo.html品牌顾问—品牌形象
http://www.bona163.com/#home博纳设计